揺らぐいのち

生老病死の現場に寄り添う聖たち

北村敏泰 著

晃洋書房

はじめに

この社会で「いのち」が揺らいでいる。

あの日と同じ蒸し暑さだ。2020年7月26日、神奈川県相模原市にある知的障がい者福祉施設「津久井やまゆり園」の前で、「やまゆり園事件犠牲者を偲ぶ会」が開かれた。ちょうど4年前のこの日、元職員の男によって入所者19人が殺害され、26人が重軽傷を負わされた事件。新型コロナウイルス感染防止のため例年のような式典は中止され、簡単な催しとなったが、長年同園で職員として勤務した太田顕さんも献花台に懇ろに花束を手向けた。

惨事のあった園の改築再生のため残った入所者は移転し、以前の居住棟などは取り壊されて、工事用の灰色遮蔽板に囲まれた敷地内は夏草の更地が広がる。園名のプレートが掲げられた門も撤去され、そこだけ透明なアクリル板が設置された玄関で、犠牲者遺族をはじめ数百人もの参列者が次々と献花・黙礼した。「19名の命を忘れません」というメッセージを供えた人もいた。「事件の被告が死刑になっても解決ではない。世の中にいのちを軽んじる考えが広がっているのが問題だ」。そう考える太田さんは事件翌年に市民グループ「共に生きる社会を考える会」を作って様々な活動をしており、毎年の「命日」の偲ぶ会もその一つだ。

2年目の2018年の偲ぶ会では人権作文コンテストで優秀賞となった市内の中学生が『人の価値』というその作品を朗読した。街中で出会ったやまゆり園入所者たちとの交流に触れ、「車イスで支えられ、挨拶しても返せない人もニコニコ笑っていた……やまゆり園にいろいろな人がいるように世の中にもいろいろな人がいる。誰にも苦手な事があるし、得意な事がある。『障がい者』という区切りではなく、1人の人として見なければならないと思う」と述べた。そして、「花火大会でニコニコ笑っていた人たちの顔を僕は忘れる事ができない……みんなに価値がある。人の価値を決められる人は誰もいない」という訴えに、太田さんは胸を熱くした。

しかし、インターネット上では被告を持ち上げるような書き込みも続く。太田さんは命日ごとに被害者遺族に弔意を表す手紙を送っていたが、「そっとしておいて下さい」との返事に便りを控えるようになった。長年、いのちの重みを考えて来た立場から死刑廃止論に賛意を示していたが、「皆さんの心の傷の深さを思うと、今それを言う勇気はありません」。そう、揺らぐ胸の内を正直に打ち明けた。

やまゆり園事件は、極めて衝撃的な形で多くの人が改めて「いのち」の重さに思いを致すきっかけとなった。自らも障がいを持って働く男性は、事件に「私も場合によっては抹殺される対象なのだ」との思いを持ち続けたという。

社会ではその後も人命を軽視するような事件や出来事は絶えない。同じ20年7月には難病の筋萎縮性側索硬化症（ALS）の女性がSNSで「死にたい」などと訴えたのに対し、面識もない医師2人が金を受け取って薬物を投与し殺害するという事件が報道された。一方で、例えば受精卵の遺伝子操作による〝理想の〟デザイナーベイビー誕生など生殖補助医療、また終末期医療の現場では生命倫理面について論議が広がっている。あるいは、多大な犠牲者を出した東日本大震災や幾多の災害、そして世界で猛威を振るった新型コロナウイルス禍でも、多くの人々が「死」やそれへの恐怖を身近に感じ、人間のいのちのあり様を考えた。

この現代社会でいのちが揺らいでいる。

そのような「いのち」とはどういうものだろうか。生を受け、この世に生きて老病を経、そして誰もが必ず迎える死。それらの意味は何だろうか。科学的な「生命」の定義はともかく、世間で通常使われる「命」という、生物の生命を指し示す言葉に対して、「いのち」と敢えて仮名で表現される概念には精神面のニュアンスも大きく、人それぞれの考えが投影される（本書でも、「命」と「いのち」をそのように使い分けたい）。

例えば、自分はなぜ生まれてきていかに生きていくのか。例えば、亡くなった大切な人は死してもなお心の中に生きていると感じることもある。さらに、自分のいのちは自分のものであり自己完結するものだと思っていても、大災害のような苦難に遭い、あるいはこの社会のどこかで苦にあえぐ誰かのいのちの震えを自分の痛みと受け取る時、そして苦悩を乗り越えて喜びに出会った時、自らの生が多くの人々に支えられている、たくさんのいのちが互いにつながっている、と実感することもあるだろう。

現実社会でそのように多彩な様相を見せるいのちのあり方を考えるために、誕生から養育、いのちの教育、終末期医療、死への向き合いなどの「揺らぐいのちの現場」を訪ねた。そこには人が生まれてから死ぬまでの、いや出生前診断を例に挙げれば「生まれる前」から、「死生観」という言葉に凝縮される「死んだ後」までをも視野に入れた人生すべてを見渡すステージが広がる。そしてその現場で信念を持っていのちに向き合い寄り添う人たちがいる。彼らから発せられる言葉、そして行いから私たちは何かを汲み取り、いのちについて考える糧とすることができるだろう。

ここで出会ったいのちの現場の人たちは、まるで「聖《ひじり》」のようだ。聖とは元は、かつてこの社会で各地を遊行しながら人々に寄り添い、困っている人に救いの手を差し伸べた仏教者のことだ。彼らはコトバによる〝説教〟だけではなく、実際の行いで人々の苦に向き合った。本書に登場する「聖」たちは、医療者や福祉、教育関係者に混じって宗教者も多い。それはこれが当初、全国の僧侶や牧師や宗教者全般を読者とする宗教専門紙に連載したものだからだが、本書の内容は決して宗教者であること自体を持ち上げている訳でも、宗教を勧めている訳でもない。筆者自身も特定の信仰を持つ宗教者ではない。

だが宗教が社会の矛盾から目を逸らすような働きをすればそれは害悪であるが、宗教が「世直し」に向かい、宗教者が確固たる信仰に基づいて人々に寄り添う時、それは大きな力を発揮する。本来、しっかりとした宗教者はいのちの専門家であるはずだ。それはあらゆる宗教が共通して最も重い価値があるとみるものが、とりもなおさず「いのち」だからだ。

そしてその姿勢から、「あなたが他人にしてほしいと思う事をあなたも人々にしなさい」（聖書『マタイによる福音書7』）という、キリスト教にも仏教にもイスラームやヒンドゥー教にも見られほとんどの宗教に共通する「黄金律」に沿った行いが導き出されるはずである。生老病死を仏教では「四苦」と言い、それは「思い通りにならないものを思い通りにしようとすることによる苦しみ」という意味だが、現実の生老病死は実際の様々な苦悩を伴う。「聖」たる宗教者たちは、それを前提に具体的な行いをする。

筆者が2011年の発生以来、現地で取材を続けている東日本大震災の被災地でのことだ。津波から間もない日の宮城県石巻市の犠牲者遺体安置所で、被災者の生活支援に東京から入っていた若い僧侶たちが、赤ん坊の小さな遺体を抱きかかえた母親に読経を依頼された。母親は放心状態で、まるで死んだような表情だ。ところがブルーシートにくるんだ赤ん坊は、津波の真っ黒い泥が口や耳の中にまで詰まっており、居合わせた人たちも手伝ってようやく何とかきれいにした。すると最後に残った赤ん坊の目の中の泥を、母親はなんと自分の舌で丁寧に丁寧に一生懸命にぬぐい取ったのだった。

付き添った僧侶たちは、もう涙がこみ上げて読経ができなくなった。そこで、皆で一緒にひたすら合掌しひたすら祈った。すると、その母親は少しは落ち着いてわが子に言った。「安らかに眠ってね。ママにしてくれてありがとう。短い時間だったけど、幸せだったよ」。涙ながらにもそう語りかけた。

僧侶たちは、そこに「祈り」の力を感じた。それは、絶望的な悲しみの前で何の力もなくとも共に涙し苦悩を共有する「共苦」だ。これは「祈り」というにかにも宗教者らしい行いの例だが、究極の苦の現場で打ち震えるいのちに寄り添うというその姿勢は、宗教という枠を超えて多くの人々に受け入れられるものであろう。

本書に登場する宗教者をはじめとする聖たちについても、その信念とそれに基づいて具体的ないのちの課題に取り組む姿からは、宗教や信仰の有無にかかわらず学ぶところが多いと信じる。

本書の内容は、『中外日報』紙に2017年5月から18年8月まで、計100回にわたって連載したものがベースとなっている。『中外日報』は創刊120年の国内最大の宗教専門紙で、全国の仏教寺院の僧侶をはじめ神父や牧師らキリスト教、また各宗教の宗教者や信徒、研究者らを読者としている。

本書に登場する人物の年齢や所属や肩書など、またそれぞれの現場の状況は、特に断りがない限り連載時点のものだ。ただ、出版にあたり連載時の原稿を加筆修整し、特にこの「はじめに」全部と各章の一部は新たな状況をもとに書き加えた。各種の実績数値、統計など調査データも連載時のものだが、一部特に必要のあるものは文中に注釈で最新の数値などを示した。

目次

第二章

いのちを育てる　93

第三章

いのちの教育　125

第四章

死するいのち——161

序章　揺らぐいのちの現場から

1　津久井やまゆり園事件から

異様な静けさだった。2016年7月に入所者45人が殺傷される事件があった神奈川県相模原市の「津久井やまゆり園」。その年の晩秋、犠牲者を悼む正門脇の献花台が撤去されるのに先立って訪れたのはちょうど昼時だったが、千羽鶴などが飾られた玄関ホールを入っても館内は静寂に包まれていた。「入所者が激減したからですよ。あれから皆さん、恐怖で……」。同園に職員として36年間勤め2005年に退職した太田顕さん（73）は、園名にちなむ白ユリの花束を手向けながら言った。多い時は170人いた入所者は事件後、無事だった人も退所したり他の施設へ移ったりして、50人ほどになった。「もう園がなくなるかも」。太田さんは、親しくした人たちが息を潜めて暮らす様子を思いやった。

あの日の朝6時、太田さんは知人の「テレビを見ろ！」との電話で事件を知った。馴染みの園の正門を救急隊や警察官が慌ただしく出入りするのが画面に見える。息を飲み、スニーカーを突っかけて家を走り出たが、園までいつもゆっくり歩く数百メートルの道が何キロにも思えた。救急車のサイレンが鳴り響く大混乱の中、出会った園長に手伝いを申し出、体育館で救出された入所者の世話に当たった。

「津久井やまゆり園」の正門前で事件犠牲者の冥福を祈る石川住職

「ああーっ」。助かった人は抱き合っても言葉が出ず、顔面蒼白で震えている。太田さんが就職した年から一緒だった60代男性の顔が浮かんだ。「どこに」と思った時、職員から耳打ちされた。担当として長年親しんだ、その「いぶきホーム」棟の4人は殺害された。全員が首を刺された失血死だった。「障がい者は不幸を作ることしかできない。いなくなればいい」。逮捕された容疑者の供述が社会を揺るがせた。

メディアの連日の大報道。顔も名前もよく知った人たちが匿名の「障がい者」として扱われる事に、太田さんはやり切れない思いを抱いた。そんな中、報道陣が取り囲む敷地の外から懇ろに合掌する僧侶の姿があった。太田さんもよく知る、近くの臨済宗建長寺派宝福寺の石川宗英住職（73）だった。住職は以前から毎日2キロのウォーキングで園の前を通り、出会った入所者と挨拶を交わすこともあった。痛ましい出来事に「いてもたってもいられなくなって」献花と供養に赴いた。憔悴しきった職員らはその心遣いに感謝した。

住職は、1か月後には地元仏教会に呼びかけ、近隣の有志8人で読経をした。「法華経普門品第25」。人々の苦難からの救いを観世音菩薩に願う経文だ。「生きづらい世の中です。競争社会で人間が能力で分けられる。一度落ちたら這い上がれないのは被告（注：その後に死刑判決）も同じだったのでしょう。だが、何があってもあらゆるいのちは公平に扱われなければなりません」。住職には言葉に障がいを持つ義妹がいる。「当事者でないと気持ちは分からないが少しは感じ取れる。自分の生き方も考えさせられるのです」。その後も園の前を通るたびに手を合わせ続ける石川住職は「なぜ生きるのか、どう生きるのか。禅宗は今の自分を見つめる教えです」と、事件が投げかけた問いに僧侶として向き合う。

事件をテーマに大阪で16年秋、在日韓国人で重度障がい者の劇団女優金満里さんが講演した。「『働けない』人を施設へ収容することを無条件に受容してしまうのも、世間の無意識の優生思想です。差別にはまず当事者が声を上げる事が重要です」との訴えに、移動式ベッドに横たわり酸素吸入を受ける若い女性の参加者が振り絞るように言った。「障がいを理由にした事件も、出生前診断で胎児を堕胎するのも根本は同じです」。

「宗教者が何とかしなければ。事件を多くの人は自分事とはとらえていないが、私は僧侶として少しでも近づきたい」。犠牲者を供養する石川住職は、現代社会で人間のいのちが置かれている状況をこの事件が象徴していると感じている。「失敗が許されず、役に立つかどうかで人がより分けられる。グローバルなどと言っているが地域のつながりもなくなり、人間が使い捨てにされる。働けないとダメ。税金を多く払う人が力を持つ、そんな世の中を変えないと」。住職には、「障がい者はいなくなればい

「優生思想」を象徴する事件が起きた「津久井やまゆり園」(2016年10月撮影)

い」と言った元職員の被告と同様の意識が社会にも政治の根底にも潜んでいるように見える。

一般家庭出身で30歳で僧侶になった。それまで職を転々とし、貧富の差を実感していた。「仏教が説く中庸こそ平等ということではないか」と禅堂の門をたたいた。だが、「修行を終え、読経が一人前にできたら僧だということじゃない。もっと深いものを追い求めなければ」と考える。仏教者が本物かどうかは、地位ではなく社会で輝いているかどうか、そしてその深みとは「いのちを見つめること」だという。「誰の中にも被告と同じ様な気持ちがある。それを克服するのが宗教の力。平穏・平和な時だけを見ているのではなく、危機に対応できる宗教でないと困難かも知れませんが」。

住職と旧知で元やまゆり園職員の太田さんも事件に激しい衝撃を受けた。長年勤めた経験から、施設の運営にも問題があると指摘する。「福祉は人です。どんな研修よりも、入所者と苦楽をともにして暮らすことからこそ学びがある」。そういう心を持たない被告は園で問題行動を繰り返しながら勤務を続けていた。「しかし彼自身も人生で挫折を繰り返しており、その不満を自分より弱い者にぶつけたのでしょう。優生思想で固まったあの被告を生み出し、弱者を排除するという風潮が広がる社会が背景にあるのです」と言う。

そう考えるのには自身の多くの経験があるから。かつて、担当する女性入所者と用事で外出した際、食堂で昼食に取った丼物に女性が「ご飯ってこんなに温かいのね」と感激した。施設では百数十人の全員に配膳が終わってから号令で一斉に食事をする。風呂も起床就寝も、「管理が第一になっている」。そう言う太田さんも、園での作業の出来栄えで入所者に優劣を付けようとしている自分を反省した。重度障がいで食事介助さえ困難な30代女性がいた。口を開けず職員もお手あげだったが、同室の脳性マヒの人が震える手でスプーンを差し出すと、ゆっくり食べた。「彼女たちを弱者と決めつけ、能力が低いと思うのは私たちの間違った傲りです」。

事件3か月後の２０１６年10月16日、園内で「お別れ会」が開かれた。仲間が殺傷された恐怖で退所を決めた人も多い。園長が犠牲者19人の名前を呼び、それぞれの生前のエピソードを紹介した。パンダの縫いぐるみがお気に入りの60歳女性、ラジオが好きで寝る時も風呂でも離さず持っていた66歳男性。野球ファンでタンスにユニホームを入れていた43歳男性もいた。だが、一連の報道では匿名だった。遺族の意向もあったが、太田さんは「それも含めて私たちの至らなさです。誰もが堂々と名前を名乗って生きられる世の中であれば……」。

同じ年の11月22日、午前中に園前で犠牲者の追悼をした石川住職は午後に地元仏教会の僧侶たちと近くの相模湖で「水難水死殉職者追善供養」を営んだ。紅葉の山々が湖面に映え、さざ波を立てながら湖中央まで進んだ船上で、衣に袈裟の僧ら十数人が読経する。

遊覧船転覆事故や水害などで命を落とした人々が対象だが、「殉職」とはダム湖である相模湖が作られた戦時中に過酷な労働の中で事故で犠牲となった人たち。日本人だけでなく強制連行された中国、朝鮮人数十人も含まれている。戦争遂行のための資源供給を目的としてダムが建設され、死者だけでなく水没した村から多くの住民が移転を余儀なくされた歴史がある。水面に向けて合掌する仏教会長の石川住職は、胸の内で湖の死者にも、事件の被害者にも、ともに冥福を祈った。「いつの時代でも、どんないのちも同じように重いのですから」。

相模湖の追悼行事は1979年に始まったが、行政代表も参加することから〝政教分離〟で途中から仏教者の関わりは別枠になった。この地方は戦後、目立った産業もなく経済優先の高度成長の波に乗り遅れたが、64年の東京オリンピックを機に相模湖にカヌー競技と観光を誘致、合わせて「福祉の町」を旗印にやまゆり園が建設された。多くの住民がこれらの関連で職を得て地域を盛り立て、それは事件前まで続いた。

抑圧された人々の側に立つという信条で湖の追悼行事を中心になって運営して来た園元職員の太田さんは、戦前からの地域のそんな長い歴史を感じている。そして、石川住職らが長く慰霊の力となり、事件では同様に理不尽に命を奪われた人々に心を寄せていることに感謝している。「地域社会の様々な困難、弱い人々に寄り添うことが誰にとっても大事です」と語る。

事件後、いのちの重みと優生思想をめぐる論議が広がる中で、ナチス政権時代にホロコーストに先立って多くの精神障がい者を抹殺した「安楽死政策」を真っ向から批判したドイツのフォン・ガーレン司教の言葉が注目された。「貧しい人、病人、非生産的な人、いて当たり前だ……彼らを殺してよいとするならば、非生産的な人、体が不自由になった人、老いて弱った時の私たちすべてを殺すことが許されるだろう……」。

京都府の仏教系緩和ケア施設「あそかビハーラ病院」で患者を心身両面で支える僧侶の花岡尚樹さんは、自らも障がいを持って生まれた。やまゆり園事件に、「他人事ではなく、自分も殺されていたかも知れない」と恐怖を覚えた。だが、「被告の優生思想的な発想は社会全体、ひいては自分自身にもあるのではないかと感じる。それが問題であり、被告の死刑では解決しない」と訴える。「『障がい者は不幸を作る』のではなく、障がいが不幸だという考えこそが不幸を作り出すのです」とも。

「おんなじいのち」をスローガンに長くホームレスや生活困窮者支援を続ける北九州の奥田知志牧師は、被告の真意を聞こうと拘置所で接見した。「重度障がい者は役に立たないと？」。牧師の問いに被告は「そうです、人間じゃない」と冷静に答えた。「では君は事件の前、どうだったの？」と畳みかけると少し考え、「いや、あまり役に立たない人でした。役に立つ人間になりたいと思っていた」と返した。「彼も世間から役立つかどうかを問われ続け、自分の価値を示すために自分より〝役に立たない〟者を消すことを選んだのではないか」。そう牧師は振り返る。

石川住職が「どの宗教にも共通する理念です」と言うように、ガーレン司教の言葉には奈良県天理市の天理教和爾分教会長・高見宇造さんも強く共感する。高見さんは事件一か月後の8月末、「犠牲者の御霊《みたま》を慰めたい」との気持ちに突き動かされて園を訪れ、炎天下で「怖かったでしょうね」と合掌、献花した。長く教団本部で福祉活動に携わって来た。魂の価値は同じで障がいがあっても万人の体は神からの借り物だから、いのちは等しい。そう世間に強く説いて来たのにまだ努力がたりない、と自分の事としてとらえる。

高見さんの義兄は全く目が見えず、姪がダウン症。その強い生き方に接して、天理教が説く人間の「陽気暮らし」という神の思いを感じるという。「周りの身内の人も、苦労があってもそれで磨かれます。母親は、その子が神の計らいで自分を選んで生まれて来てくれたと、神に教えられていると受け止めるのです。すべての人が良く生きる、そんな世の中に変えるのが務め」と信仰者の自分を見つめる。

2　揺らぐいのちの現場で

やまゆり園事件は、その後も各方面に大きな反響を呼び、障がい者グループや個人、人権保護や福祉関係の諸団体がアピールを出した。障がい者同士が励まし合う交流会も広がり、他方で被告の精神鑑定をめぐって精神医療を治安対策に使うことの問題点も指摘された。犠牲者の供養を続ける石川住職は「世の中全体でいのちが不公平に扱われている。いろんな問題に向き合い、もっと皆が声を上げなければいけないでしょう」と強調する。

確かに、様々な格差や競争、人が経済的効率で選別される、そんな生きにくい世の中で自死が後を絶たず貧困問題も深刻だ。子育て環境は改善されず、虐待やいじめの連鎖による悲劇が続発する。少子・高齢化による福祉の低下で「医療・介護難民」があふれる。２０２０年春に社会を覆った新型コロナウイルス禍では、既存の様々な格差や差別、弱い立場の人々の困窮がより拡大し顕在化した。いのちが揺らぎ続けるこの社会で、生老病死の「苦」に、いかなる向き合い方があるのだろうか。

生殖補助医療　当事者の苦悩知って

「中絶って、出産なんですよ。いのちを生むのと死を与えるのが同時の」。大学病院で長年、出生前診断のカウンセリングに携わって来た看護師の小笹由香さんは、現場や当事者の苦悩を知らずに論議することを諫めるように険しい表情を見せる。講演でもそのことを強調する。

妊婦診断の中でも２０１３年に導入され母親の血液検査で胎児のダウン症など染色体異常が早期に判定される「新型出生前診断」は、当初の３年間で３万６１５人が受検した。１・８％の５４７人が陽性と判定され、確定診断のため腹に針を刺す羊水検査などで異常が認められた417人のうち94％に当たる394人が人工妊娠中絶を選択した。技術の進歩で知ることができるようになったために直面する苦悩。仏教学者である僧侶はこれを「新たな生苦」と呼ぶ（注：新型出生前診断の実施件数は増加の一途をたどり、2019年7月までに6万件以上になった。同様に陽性となり確定診断の後で中絶したケースは9割に上る。日本産科婦人科学会の指針に反して、不十分な体制で行う医療機関が非常に増えた）。

東京で2016年に開かれたある研修会で、この問題や卵子提供などを含む生殖補助医療の現状について専門学者が講義をした。「いのちの揺らぎ」を物語る様々な課題にどう関わるかが話し合われたが、「そういう苦しみに置かれた女性たちの声がこの場に反映されなければ」との意見が出た。ダウン症とともに生きる親子の実情についてもそうだ。

小笹さんは新型出生前診断についても「安易に受ける人なんていない。安易に受けられる制度であるだけです」と言う。妊婦と夫に、診断を受けた先にどんな選択を迫られるのか、その覚悟はあるのか、じっくり話し合う。「いのちほど重いものはない」と実感するからだ。生命の誕生を支える助産師でもあるにも関わらず、場合によってはその選別に立ち会わざるを得ない辛さを抱えながら、「現状をもっと知ってほしい」と呼びかける。

中絶・虐待　弱い者に向かう暴力

カトリックの慈愛精神を設立理念とする慈恵病院（熊本市西区）に、赤ん坊を産んでも事情があって育てられない親がわが子を託す「こうのとりのゆりかご」窓口が設置されて10年以上になる。当直の看護師は毎日、もう誰も訪れないだろう深夜になると、窓口に新生児が入れられた合図音が鳴らないことにほっとする。これまでに預託されたのは計100人を超えた。

「何をおいてもまず、日の前のいのちを救いたい」。その信念でゆりかごを設置した蓮田太二・同病院理事長は預けに来る母親を咎めるよりも「辛い気持ちよく分かります。あなたと赤ちゃんの幸せのため頑張ります」との思いだ。中絶を防ぐ意義もあり、「安心して子供を産める人間社会を」と訴える。

その心は各方面に伝わり、関西にも「ゆりかご」を設けるため医療関係者らが設立したNPOが動きを見せた。NPO代表でカトリック医師会長の人見滋樹医師はその意図の説明に、「最も小さき人にしたことは私にしてくれたことである」という聖書のイエスの言葉を挙げた。かつて日本の妊娠中絶の状況を「胎児というのちこそ最も小さき人です」と嘆いたマザー・テレサの言葉が、この問題を論じる学術シンポジウムで紹介された。

各地で子供への虐待が絶えず、厚生労働省の調査では2014年度に虐待で死亡した18歳未満児44人のうち0歳児が27人と6割を占めた（注：17年度調査では死亡数65人）。これを防止するため、同省では産院に「望まぬ妊娠」の相談専門家を配置する方針を決めた。

被虐待者を救う社団法人「メッター」の今城良瑞代表には、傷ついた青少年から数多くの「SOS」のメールが届く。関西の10代の女性は幼い時から心身両面の暴力を母親から受け続け、「生まれて来たことを後悔しました」と言う。ネットで調べ、すがるように「生まれる家も親も選べない理不尽さ」を訴えて来た。学業年齢になっても親の虐待は止まず、今城代表らは家を離れた下宿での学生生活を支援した。同法人は超宗派の仏教者で作り、真言宗中山寺派僧侶である今城代表は「苦しむ人に対応するのが坊さんの仕事。義務じゃなく、私が苦を見てしまったからです」と語る。その活動の延長として被害者が駆け込むホームを計画する。

虐待家庭から保護された子供が暮らす埼玉県加須市の児童養護施設「光の子どもの家」で夕食が始まると、作務衣姿の菅原哲男理事長が「勉強どうだ？」と塾通いの中学2年の女児に声をかけた。厳格ながら優しい父親のよう。食卓で騒ぐ子もいて自然体だ。実の親から激しい抑圧を受けた子供に、ここでは女性職員が「母親」となり、まるで家庭のような生活を提供する。「君に会えて良かった、という気持ちを伝えることです」。そうして、泣くことさえ出来ないほど萎縮した小さな心が安らぐ。「隣る人」。キリスト教精神を軸とする運営の姿勢を、クリスチャンである理事長は聖書が説く「隣人愛」の〝隣り人〟を動詞形にしてそう表現する。

全国の児童相談所が対応した虐待事案が年間10万件を超えた。一方、厚生労働省調べで家族による高齢者虐待は年間1万7000件、施設では約500件（19年調査）に上り、施設などでの障がい者への虐待も毎年相当な件数に上る。

終末期・孤立死　増える「死に場所難民」

京都府城陽市にある浄土真宗本願寺派が設立した「あそかビハーラ病院」では毎年、60回近くの「お別れ会」が開かれる。末期がん患者が療養する仏教ホスピスで、亡くなった患者に関係者が告別する催しだ。玄関横のホールにある仏壇の前にベッドごと運ばれた故人に向かって主治医や看護師が別れの言葉を述べ、花岡さんら常駐する「ビハーラ僧」と呼ばれる僧侶が読経と法話をする。最後に合掌で念仏を唱えるまで15分程度。室内にティッシュペーパーが置いてあるのは、支え続けた遺族にここでは涙をこらえなくていいと伝える意味がある。医療だけではなく、患者にも家族にも心の安らぎを提供する場だ。

花岡さんが介護した60代の女性は悪性リンパ腫だった。痛みと闘いながらよく話してくれた。他の患者が次々亡くなる中で「死んだらどうなるのでしょう」という話題に。元々は宗教に関心がなかった女性は「三途の川の渡し場にある一休庵という団子屋で待ってるので、後から早く来てね。目印にニットの帽子を被ってるから」と笑顔で語った。誰もが行く道でしょ、とも言う女性は2016年12月29日に浄土へ旅立った。「こちらが深く教えられました」。花岡さんが看取った患者は300人以上になる。

急激な高齢化で団塊の世代が終末期を迎える2025年には年間死者数が154万人に上るという。大多数を占める病院死を「在宅」に振り向ける国の施策も家族の困難が壁になり、老人福祉施設での看取りも限界。「死に場所難民」が言われる一方、単身者の孤立死などで引き取り手のない遺骨が大都市部で7360柱と10年間で倍になったとの新聞報道があった。大阪市設南霊園で毎年秋に営まれる「無縁仏慰霊祭」に姿を見せる69歳の女性は、長男が18歳で家出し長く行方不明だった末に市内のカプセルホテルで病死した。骨となって同園に合祀されてから3年後にそれを知り、毎年のように息子の慰霊に通う。

富山県高岡市、日蓮宗大法寺に宅配便で焼骨が配達されて来ると、栗原啓允住職は丁寧に段ボール箱から骨壺を取り出し、心を込めて回向を手向ける。このような「送骨」が「無縁社会の象徴」と非難されたこともある。だが、「報酬目当てでしているのではない。決して『無縁仏』じゃない、生きているうちに功徳を積まれたからこそ誰かが善意でここへ送って来られるのです」ときっぱり話す。しかし最近は件数が激減した。「ネットでいろんな業者が実施してるからでしょう、金儲けと思ってるのか。本当に無縁になってしまわないか心配です」。

貧困、自死、差別、災禍

大阪市北区のその灰色の外壁のマンションは「事故物件」の部屋がある。地区は急激に開発が進んだ事情で近所づきあいは希薄だという。2013年の5月、この一室で28歳の母親と3歳の男児の衰弱死体が見つかった。生活苦で電気もガスも止められていた。死後3か月で胃に内容物はなく、「最後におなかいっぱい食べさせられなくて、ごめんね」とガス料金請求書の封筒に書いたメモが残されていた。この事件に衝撃を受けた奈良県田原本町の浄土宗安養寺、松島靖朗住職が始めた、寺院に寄せられる供物を貧困家庭に提供する「おてらおやつクラブ」は全国1200か寺以上に広がった。「まだまだ焼け石に水のような悲惨なケースが多いですが、ないよりはましです」。献身的取り組みについて松島住職は「なぜするのかと考える前に動く。動くと『なぜ』が見えて来ます」と話す。

200万人超の生活保護受給者をはるかにしのぐ、膨大な「隠れた貧困」が横たわる。とりわけ子供の相対的貧困は、7人に1人（厚生労働省調べ）と先進国で目だっている。他方、「一億総活躍」「働き方改革」の掛け声もむなしく、格差社会で労働強化や失業によって追い詰められた苦しさ、孤立感から自死者数はなお3～2万人台を維持している。コロナ禍でもそんな状況が更に深刻化した。

大手広告会社の東京都内のオフィス街近くにある女子寮。ここで、女性新入社員（当時24歳）が2015年12月のクリスマスの朝に過労を苦に投身自殺した。以前現場に供えられていた花束はなく、ラッシュ時、近くの地下鉄駅から階段を駆け上がってくる「企業戦士」たちは足早にビルに吸い込まれていった。過労自殺はその後もなくならず、34歳の会社員男性の遺族が勤務先を刑事告訴するケースもあった。

2019年5月、世間の多くが「元号」の変更に伴う大型連休に浮かれるさなかに、大阪市内の繁華街で20代の女性がデパートの15階から飛び降りて自死した。身の回りのトラブルで孤立に悩んでいたという女性は、フェンスを乗り越えてビルの縁に立ち、駆け付けた警察官が1時間近く説得したが、最後に両腕を広げて身を躍らせた。市内でも最も人出の多い現場で何千人もが目撃したが、何人かが女性が60メートル下のコンクリート地面にたたき付けられるまでの一部始終をスマートフォンで撮影し、インターネットで拡散した。

本願寺派僧侶の竹本了悟さんが代表を務め宗教者や市民で運営する「京都自死・自殺相談センター」

には、年間2000件の電話、1200件のメールによる相談が寄せられる。受話器を取っても言葉を出さず、苦しそうな息遣いだけが聞こえることもある。しばらくしてから「死にたい」と若い女性のうめき声。「そうか、そんなにしんどいんですね」。黙っていても苦悩を吐き出しても竹本さんが無条件で受け入れるのは、電話線1本でも「つながっている」と相手に安堵してもらいたいから。相談者も、そして自分も「ここにいていい」と思えた時、僧侶として阿弥陀如来の救いを実感するという。

岡山県の「邑久光明園」などハンセン病元患者の国立療養所に支援に通い続ける神戸市・真宗大谷派西林寺の中杉隆法副住職は20年前、最初に訪問した際に不自由な体でベッドから動けない入所者と視線を合わせることができなかった。何十年にもわたって差別されて来た元患者の声にならない慟哭に「これを知ったお前はどうするのか」と問われた思いをずっと抱え込み、活動を始めた。

医療的には完治し隔離の根拠だった法律が廃止されても、入所者は故郷へ帰れない。「家族や親戚が周りから白眼視されるから」。親しい入所者の思いに心を重ね、2012年からは東日本大震災に伴う東京電力福島第1原発の事故で避難を強いられた子供たちを園に保養に招く。国の誤った隔離措置や国策で推進された原発による被害で故郷を追われた者同士のつながりができた。中杉副住職は「世のために働けという真宗の教えから、このような課題に向き合うのは当然のことだ」と確信する。

東日本大震災で最大数の犠牲者が出た宮城県石巻市の浄土宗西光寺、樋口伸生副住職は、津波禍の2日前まで韓国のハンセン病元患者村へ見学に行っていた。県内の療養所には以前から通い詰めた。震災後、多くの遺族や被災者を支える大変な活動を続けているのも、「普段から苦しみに立ち向かう姿勢を心がけているからこそできるのです」と力を込める。

コロナウイルス禍では、「医療崩壊」と言われる病院の凄まじい現場で、高齢で基礎疾患のある患者が人工呼吸器などの救命措置を若い患者に譲ったという事例が取り沙汰された。現場では現にトリアージ、いのちの選別のような事態も起き、この事例が「美談」として賞賛されるようになれば、「安楽死・尊厳死」論議と同様に、救う価値があるかどうか、役に立つかどうかでいのちに軽重が付けられることが懸念された。

コロナウイルス感染で亡くなった患者の遺族は、葬儀もままならず、感染防御用の納袋に入れられたまま顔さえ見ることができない肉親の遺体を、火葬場で無言で見送った。「辛い時はどうぞお気持ちを外へ出して下さい」。悲嘆を共に受け止める僧侶のその言葉に背中を押され、嗚咽した。感染拡大による経済停滞で職を奪われ、住まいも失って1日500円以下で生活する若者らに、食べる物にも困る人々に、野宿者支援活動を続けて来た人たちが親身になって伴走した。

3月下旬には、岐阜市内の橋の下でホームレス生活をしていた81歳の渡邉哲哉さんが10人ほどの若者のグループに物を投げ付けられ暴行を受けて殺害された。渡邉さんは空き缶拾いで生計を立てながら図書館に通って仏教の勉強をし、20年前から捨て猫たちの世話をしていた。猫を救うためにその場所で生活していたという。一緒に路上生活する女性（68）がグループに襲われたのを庇おうとして襲撃された。容疑者たちは殺人罪など（後に「殺意までは認定できない」と傷害致死罪に変更）で逮捕されたが、この事件はコロナのニュースに隠れ地元以外ではあまり報道されなかった。大阪・釜ヶ崎で長く野宿者支援活動に携わり、現在は東京で虐待防止に育児カウンセリングをする北村年子さんは現地に駆け付けて女性の世話をするなどし、「いのちの重さはウイルスの犠牲者も彼も同じなのに」とインターネットで発信した。

いのちが揺らぐ様々な現場に、寄り添う多くの聖たちがいる。

第一章　生まれるいのち

1　出生前診断の現場で

人生を決めること　遺伝子診療外来相談室

「検査を受けるということは人生を決めることです」。東京医科歯科大学病院で出生前診断の遺伝カウンセリングに携わって来た看護師長の小笹由香さん（48）はそう妊婦に強調する。同病院産科で年間500人近い出産者の中で60～70人が相談を受け、うち50人が実際に検査を受ける。妊婦の血液でダウン症など染色体異常が判定できる「新型出生前診断」も三十数件に上った。

助産師としてもずっと現場に関わり続けた小笹さんが部外者にはうかがい知れないその様子を話すのは、論議の前提として実態を知ってほしいからだ。

産科を受診して妊娠10週と分かった30代後半の妊婦。看護師や助産師が、出産入院予約をするタイミングで「いろんな出生前診断がありますが興味があるなら相談に来ますか」と告げた。妊婦は数日後に夫とともに訪れ、産科ではなく4階の一番奥、廊下からは伺えない待合室突き当りにある「遺伝子診療外来」の相談室に入った。緊張のためか最初から表情は硬い。

出生前診断カウンセリングは落ち着いた雰囲気の部屋で（東京医科歯科大学病院で）

15平方メートルほどの部屋は、壁も床も診察室のように白ではなく淡い茶系のシックな色。相談者の気持ちが落ち着くようにとの配慮だ。同じ理由で四角ではなく楕円形の木目の大きなテーブルが中央に。静かな雰囲気の中、夫婦とカウンセラーが向かい合って座る。壁にはデータ説明のためのディスプレイ、卓上には予定日を見ながら協議するためにカレンダーがある。小笹さんはまず資料を示し、「採血による新型出生前検査や羊水検査などがありますが、要望はありますか」などと尋ねる。2人は時折顔を見合わせながら静かに聞いている。カサッと資料をめくる音が大きく感じられるほど張り詰めた空気だ。

相談では例えば「どのくらいの割合の人が検査を受けますか」という質問が良く出る。心中の不安の表れだ。小笹さんは「多くても2割くらいです。40代でも受けない人もいるし、20代でも受ける人も、人それぞれです。自分たちで納得がいくよう決められた事を私たちはサポートします」と話す。そもそも染色体異常とは何か、検査を受けることはその結果を受け入れ、そしていのちと人生を左右することでもある、ということをしっかり伝える。

お腹に宿った生命にどう向き合うのか。結果が何らかの異常と確定すれば、場合によっては「中絶」ということになるのに思い至ったのか、妊婦は説明の途中でこらえきれず、ぽろぽろ涙を流し始めた。「いのち」への思いが大きく揺らぎ、胸が締め付けられるのだろう。テーブルの上に柔らかいティッシュペーパーの箱があるのは、こんな状況への備えだ。

夫も戸惑った表情だ。その気持ちに添うように小笹さんは「例えば結果で何かあったらどうするか、お二人でしっかり相談しておられますか」と話を続ける。最後に、「お腹に赤ちゃんいるんだから、夫婦とも悩みますよね。今すぐ決めないで、帰ってゆっくり考えて下さい」と告げた。

7日後、検診日に妊婦が一人で病院を訪れ、「検査を受けます」と告げた。「陰性ならいいのですが」と言いながらも、そうでない結果が出れば自分が向き合えない人間かも知れないという考えに、打ちひしがれたような表情。小笹さんは「いろいろ考えて辛くなりますよね」と妊婦の肩を抱きしめる。

小笹さんが出生前診断の遺伝カウンセリングに携わるようになった〝原点〟は、東京医科歯科大学を卒業して助産師の仕事に就いた時に受け持った妊婦だった。その女性は超音波検査で、胎児の首の後ろに染色体異常の可能性を示すむくみが確認されただけで、羊水の確定検査もせずに中絶を選んだ。施術の3日の間、壮絶な体験に寄り添った。

数年後、女性がまた妊娠して来院すると、今度は検査をしない、何があっても産むと言う。「産まない事があれほど辛いとは」。その子を取り上げた小笹さんは「心境の変化は何なのか」と考え込み、女性も自分も検査の後に何が起きるか想像ができていなかったことに思い当った。大学院に入り直して多くの事例を研究する。「新型」が登場した今、確定には危険な羊水検査が不可欠なので「十分に説明すれば受検はそう増えないでしょう」と話す。

小笹さんは相談に来る妊婦と夫に詳細に説明した上で、なぜ検査を受けたいのかを突き詰めて問う。「結果によってどうするか考えていますか?」。小笹さんが中絶を勧めることはないが、そういう苦渋の道があり得ることは告知する。受けたい人は受検を正当化する理由を探すような質問をし、「どうするかは結果を見て決めます」ということも。妊娠初期で、「検査は急がなくてもいいです」と持ち掛けて

「人生を決める」出生前診断のカウンセリングは夫婦を対象に行われる（西日本の医療機関で）

も、「そうは言ってもきれい事では済まないでしょう」と本音が出る。

検査結果を伝えるのは大変だ。受検者は「何もない」を期待しているし、選択肢は産むかそうでないかの2通りしかない。だが夫婦がどんな決定をしても小笹さんは「審判」や批判はしない。表現も「あきらめる」「堕す」「中絶」、妊婦の言い方をそのまま使う。「どんな選択でもいのちがかかっている。選んだ人が、回りのすべての人が苦しむかも知れない。その人の生き方に寄り添い、妊娠から出産の後までケアするのが仕事です」。

その姿勢は、毒の矢が刺さって苦しむ人を前に誰が射たのかとその原因を詮議するよりも苦を抜き去る、釈尊の「毒矢の喩え」のようだ。中絶を重罪とするカトリック教会では2016年11月、ローマ教皇がそれを「赦す」権限を全司祭に与えた。

しかし中絶が重大な問題であることには変わりはない。宗教者を対象にしたアンケート結果でも「胎児の命を奪う選択肢がある限り出生前診断には反対」という回答が目立った。染色体異常が「陽性」と出ても、小笹さんは妊婦に少なくとも1日以上考えてもらう。ダウン症の子供をしっかり育てている家庭も多く、決して暗い生活ではないことを知らせることもある。

それでも中絶を選ぶ夫婦はいる。人工妊娠中絶とは陣痛促進剤を使った人為的な早産だ。「流れたり、薬で胎内の命を絶ったりするのじゃない。死なせていく赤ちゃんを産むのですよ」。生まれても声も出さず心音も確認しないままの胎児は、そのまま冷蔵庫に納められるという。説明する小笹さんの目に光るものがあり、その言葉が胸に突き刺さった。「地獄なんですよ」。

「それまで陣痛やわが子が動いている実感があった母親が、身も心もずたずたになる。十分過ぎるくらい罰せられるのです」。小笹さんがその女性を決して責めないのは、自らも助産師として立ち会い同じ苦しみを味わうからでもある。新型検査導入の前に開かれた外部での勉強会で、講師を務めた小笹さんが「こんな技術、なければいいのにと思う」と思わずこぼした言葉が参加者の耳に鮮烈に残った。「本来は、産んでしっかり育てる準備のための検査なのです」。

出生前診断の結果、妊娠中絶を選んだ妊婦はずっと泣き続けるか、表情が全くこわばっているかだという。「感情を押し殺す人の方が心配です」。病院で長く遺伝カウンセリングに携わって来た小笹さんは、その後まで妊婦を徹底してケアする。授乳できる体になっている女性に投薬で乳を止める際にも「辛かったね」と手を握る。胎児の遺体に「良かったらお別れしませんか？」と持ち掛けるのは、決して〝なかった事〟にはできない女性の心に区切りをつける手助けだ。それも助産師としての大事な役目と考える。12週を超えた場合は役所に届けて火葬される。「一人の人間が存在し、葬られた記録が残るのです」。遺骨をカバンに入れて動物園に行った女性もいた。「産んであげられなくてごめんね」と。産科でよその赤ん坊を見て衝撃に泣き崩れる人もいる。

何物にも代えがたいいのちを奪う苦しさを共にする、いのちの素晴らしい誕生に立ち会う、その両方の体験を重ねる小笹さんは「人間は、その知恵を超えた大いなるものに生かされていると感じます」と語る。その話には、医療者以外の周りの人が精神的な支えになることを求められそうなケースが様々に出て来る。

新型出生前診断の血液検査を受けて「陰性」でも「ダウン症」が心配だと羊水の確定検査を受けた女性が、その結果がまた「陰性」でも心配が収まらない。小笹さんは「赤ちゃんの事ではなく自分の生き方が不安なのか」と思う。一方でカウンセリングで悩んだ末に、エコー検査の画像で胎児が動いているのを見て受検をやめた母親もいる。

検査結果に何も問題がなくてもケアが必要な場合も多い。「産むつもりなのにこんな検査を受けた自分は、何かあったら受け入れられない情けない人間なんだ」と罪の意識にさいなまれ、無事出産後にも何かあると「そういう私はいい母親じゃないからこんな目に遭う」とどん底に陥る。相談段階でさえ泣く女性がいるのもそういう理由だ。「支える人が必要なのです」。

新たな生苦へのサポート

出生前診断を前にしただけで心が揺らぎ、苦渋の選択をしたことで悩み続ける女性たち。「分かって苦しむなら分からないままでもいいじゃないですか」と小笹さんが妊婦に言うことがあるのは、診断自体が大きなダメージだから。まさしく仏教者が言った、分かってしまうことによる「新たな生苦」だ。

医療者以外の人に何ができるか。「まず、こういうことが起きているのを知ってほしい。高度な先進医療の問題ではなく身近な問題として考えてほしい。人間が苦しんでいるのですから」と小笹さんは訴える。そして、身辺にいるはずの当事者の話をよく聞き、助言などできなくても一緒に悩んだり、祈ったりしてほしいと願っている。

そこには、寺の住職や牧師など宗教者も想定されている。「現実をよく知った上で、それこそ人を丸ごと受け止めてくれる力、大きなものに抱かれているという安心感をもたらしてくれる力が宗教者にはあるのではないですか」。小笹さんは高校までプロテスタント系の学校に通った。いのちが限りなく重いことを学び、信仰が救いになることを感じ取ったことを今、思い起こす。
そして、自分たち医療者は問題が起きたその時その時に対応するが、宗教者は時間が経っても、本人が意識しなくなっても寄り添うことができるのが強みだと考える。「病院は病気とか何か用がないと誰も行きませんが、お寺や教会は用がなくても行けるでしょう」。

小笹さんの呼び掛けに応えるように出生前診断の勉強会を開いた浄土宗総合研究所スタッフで東京都府中市、浄土宗蓮宝寺の小川有閑住職（39）は「医療技術の是非よりも、こういう問題で実際に苦しみ、涙を流す女性や家族がいるという現実をまず知りたかった」と言う。以前から自死問題に取り組む中で、「仏教者は机上の論より現実の苦から考えなければ」との姿勢が身に付いていた。

「悩んでいる方が気軽に相談できる人がいれば救われることも多い。そこでは医学の知識など無関係です」と期待するのは、大阪市天王寺区で全国でも数少ない出生前診断専門のクリニックを開く夫律子《ぶ》医師（56）も同じだ。年間8000件もの高度のエコー検査をはじめ絨毛検査や羊水検査を数多く手掛けるベテランで知られる。ホテルのようなゆったりした医院の受付ロビーでは、妊婦たちが掲示板の資料に目をやるなどしながら緊張の面持ちで順番を待っていた。

ベッドに検査機器が並ぶ診察室で夫医師は「検査はお腹の赤ちゃんのメッセージを受け止めて母父に伝える事です。あくまでスタート。胎児に断りもなく調べた結果で親子の人生を決めるのだから、カウンセリングとサポートが重要なのです」と強調した。妊婦らは「安心」を求めて受診する。そして、もし胎児に病気があれば親として対処したいとの思いで。相談の末に染色体検査までするケースで、異常が判明するのはその1割程度だという。「いのちの事なのだから『知りたくない』というのも大事な選択肢です」と念を押した。

夫医師には壮絶な経験がある。30代後半の女性は妊娠15週で胎児の脳の異常が見つかった。過去に5回も流産しており「ここまでお腹の中で育って来たのに」と苦しんだが、結局中絶する。2年後、次に妊娠した際には「知りたくない」と染色体検査を受けなかった。無事産んだ男児はしかし発育障がいが強くなったが、母親は懸命に育てた。

そして4年後の3回目。親の遺伝的問題も判明し、今度は胎児の検査をした。結果は染色体異常。「2人も障がい児を育てられるのか」と母と父は悩みに悩んだ末に、障がいのある女児を産んだ。その診断に来院した際、父親は男児をベビーカーに乗せて自作の歌を歌って聞かせていた。「これを聞くと機嫌がいいんです」と。夫婦は今、その兄妹と陽気に暮らしている。

夫医師は、中絶後に「私たちに勇気がなかった」と悔やむ母に寄り添った。一貫して夫婦と徹底的に話し合い、最後は二人の決断に委ねた。そして、限りないいのちの重みを「こちらが教えられ、夫婦を尊敬します」と語る。出生前検査の仕事は妊婦夫妻の自己決定のサポートだととらえている。胎児の状況をよく見るように促すが決断の背中を押すことはせず、夫婦が自分たちの都合ばかりのように見えたら、「赤ちゃんの事も考えて」と言う。自身も男女3児の母。自らの妊娠時は染色体検査はしなかった。「不安がなくはなかったけど、私は目の前の環境でやっていく性格なので」と。

遺伝カウンセラーは全国的に不足している。一方、採血による新型出生前検査で、日本医学会が認定した特定病院ではない民間団体や病院が海外などでの検査の斡旋をしていることが報道された。カウンセリング充実という学会指針は守られず、ネットで検索すると広告があふれる。ある病院のサイトには「今すぐ採血予約をする」という目立つクリックボタンがある。「我々にできるのは相談を受けることくらい。技術の暴走を止める術がないことに無力感も感じます」と小川住職は考え込む。

2　出産への思い

ダウン症『大変だけど頑張って』？

近畿のある看護学校で助産師を目指す学生たちに、ダウン症の子供を育てる母親たちが体験を語った。「出産後に病名告知を受ける前に看護師らからことさら『かわいい赤ちゃんね』と言われ、後には『大変だけど頑張って』ばかり言われた。何が大変なの？　そんなに頑張らなくてはいけないの？　と不安になった」。

出生前診断で次男がダウン症と分かり、悩んだ末に産んだ高松市のIさん（40）は周囲の祝福の中で病院関係者から「よく覚悟を決めましたね」と言われ、「普通は中絶するのに……」と言われているようで衝撃を受けた。同じような体験をした母親たちと交流し87人の手記を出版したIさんが、はしゃぐわが子をあやしながら「子育てが楽しくてたまらない」と話すと、学生たちは大きくうなずいた。

かつて関西で繰り広げられた「不幸な子供の生まれない運動」で出生前診断が注目された。行政が積極的に推進し、「障がい＝不幸」との決めつけに批判が集中した。新型出生前診断が導入された現在、大きな需要を見越して米国や中国など海外の専門業者も日本に参入を検討しているという。日本では20万円以上かかる検査で「格安」をうたう企業など、米国では数社で6億ドル市場が生まれている。国内でも検査会社が診断結果を部外者に流出させるなどトラブルが起きている一方、診断後に異常が確定したケースの9割が中絶を選択した。

「数字ばかり独り歩きし、ダウン症はそれほど怖いという誤解が広がるのが悲しい」。２０１６年10月に東京で開かれた新型検査をめぐるシンポジウムではそんな声が強く聞かれた。成長が進んで平均寿命が60歳に達しているダウン症の人たちの「教育・就労・福祉」に焦点を当て、医療、行政関係者と家族代表らが話し合った。診断を経てダウン症児を産み元気に育てている母親の「子供が幸せに生きているのを、診断で中絶した人が見たら衝撃を受けるでしょうね」という発言が多くを物語っていた。

高校進学率は8割、就労も2割。大学病院専門医は、852人の本人アンケートで「幸せに思う」が91%、「仕事で充実している」が87%という結果を報告した。日本ダウン症協会の玉井邦夫理事長は「遺伝子の変異は個性です。あの子たちはいらないという社会と、一緒に暮らそうという社会と、どちらが生きやすいか。私たちの老後を考えても分かるでしょう」と訴える。「津久井やまゆり園」事件で注目されたフォン・ガーレン司教の言葉と同じだ。

子息が文字を自分で初めて書いたのは20歳で、キャンプで知り合った女性へのラブレターだった。「社会で生きているから学習意欲も高まるのです」。だが玉井理事長は、そのような社会教育をどこが担うのか、親の支えにも限界があり、会員たちから「自分が死んだ後が心配」との相談が多い事を打ち明けた。

ダウン症の次男の成長をブログで発信する女優の奥山佳恵さんは「はじめは落ち込んだけど、抱くと愛おしい。今は毎日たくさんの事を子供に教えてもらっています」とわが子の笑顔の写真を披露した。「『大変ね』と言われたら『そう、子育ては誰でも大変、そして楽しい』と答えます。他人と比べる事で誰も幸せになれない。この子を見ることが育児の基本です」との言葉が、会場に共感を広げた。

いのちの聖である宗教者はどう考えるのか。岡山県瀬戸内市、日蓮宗妙興寺の僧侶岡田真水さん（63）は、今30歳になる長男を身籠った時、医師に勧められても出生前診断を受けなかった。高齢妊娠で羊水検査や結果が分かるまでの不安のリスクもあるが、何より「ダウン症は私にとって中絶する理由にはなりませんでした」と語る。妊娠したら、両親と子供がいかに生きることが良いのかを徹底的に考え合うことが責任だといい、住職である夫も同じ考えだった。「育てる自信がないというのは子供ではなく親の都合しか考えない態度。新しいいのちがそのように生まれたら、そのように生きていく人生を支えるのが親の務めでしょう」。

かつては地域や学級にダウン症の子がいた。本来あるべき地域社会の「子育て力」が今は失われていると感じている。「迷惑をかけてはいけない、という社会ではなく、世話になるのが当たり前にならなくては。宗教者はそれこそを主張すべきです」。僧侶として「捨身」の覚悟を強調する。それは仏教の精神であると同時に、いのちについての岡田さんの体験にも基づいている。

過去に流産をした。医師から母体が危険だと言われたが、自身は9週の胎児が死んではいないのではと思い悩んだ。その後は子供ができない事に苦しんだ。それだけに、17時間もの難産だった長男の出産ではとても嬉しく、元気に育つのは喜びだった。生命が愛おしく、人が生まれるということは大変なことだと実感する。

長く大学教授として研究教育の場にいた。「すべてのいのちは大きなひとつのいのちとしてつながっています。あなたも私も」。その生命のネットワークの最も緊密なものが親子であり、「その輪が真に広がれば戦争もなくなる」と説く。そして、それは動植物も無生物も同じ。草木国土悉皆成仏。例えば山そのものに霊性を見たり針供養のように何物にもいのちを見出すところから、人間とその周りとの調和が見えて来る。専攻する環境宗教学の根本だ。

東日本大震災で人間が調和して暮らして来た海が暴れ、生命が奪われた。だがその後も人々は自然とともに生きている、そのような体験を経て岡田さんの「いのち観」は深まった。「宗教者はそのような視点からもっといのちの問題を説き、出生前診断の相談があっても医学的説明ではなく、生き方として話せばいいと思います」。すべての存在を「いのち」として尊ぶ。それは法華経に登場する「常不軽菩薩」の心だという。

妙興寺の夏の行事でもあり、地元地域の農耕祭でもある「虫送り」。7月に大勢の大人子供が笛太鼓で囃しながら田の畔を回り、夜には松明をかざして行列する。〝除虫〟つまり虫を一網打尽に絶滅させるのではなく、稲が実る時期だけ虫を「所払い」する習わしだ。収益重視で農業に肥料や農薬を大量投入するようになる近代になって稲虫が「害虫」とされたと、この行事を研究した岡田さんは説明する。「人々が元々は自然環境と共生し、虫も含めた他の生き物と棲み分けて来た事を物語る風習ですね」。生物多様性つまり、いろんないのちがあっていい、とするのがこの考え方だ。

田畑に囲まれ、イチョウや広葉樹が生い茂って自然が残る妙興寺の境内で、地面に直径30センチほどの穴が開いている。キツネの巣だ。岡田さんはそれを指して言う。「そっと見守っています。キツネが生きづらい環境になると私たちも生きづらいですから」。

流産・死産・罪悪感

赤ん坊を亡くして深い悲しみを抱える母親たちを対象としたアンケートがある。流産や死産を経験した女性らの「ポコズママの会」が2015年に実施した。「何かの間違いであってほしい。小さな心臓がまたピクピク動かないだろうか。頑張れってお腹に話しかけた」「医師の話は理解できても、苦し過ぎて心がついて行けません」「泣き叫びたい！ この場から逃げ出したい」。加えて「気になった時にすぐ病院へ行っておれば。私のせいで……」という罪悪感。限りない苦悶が吐き出され、「苦しむ妻を支えるのに自分が泣いてはいけない」という夫の声もある。

調査の後半には亡き子の供養に関する項目もあり、寺に「依頼した」と「しなかった」はほぼ同割合だった。だが、「お母さんを苦しめるために生まれて来たのではないですよ、と慰められた」「一緒に泣いてくれた」「赤ちゃんの名前を考えてくれた」という「救われた思い」の反面、「僧侶の言葉に傷付いた」も目立った。「遺骨を手放したくないのに葬式をしないのを責められている感じ」「事務的にお金の話をされた」、更に「『水子』供養という言葉にとても違和感があった」とも。「お母さんはどうしていいか途方に暮れているのに」と会代表の加藤咲都美さん（41）が訴える。

加藤さんは隔月に母親らが集まって胸の内を話し合う「ポコズカフェ」を開いている。「自分が死ぬまで手元に置いて弔いたい」などと宗教に関係する相談や悲嘆ケアが必要なケースが多い。特に「檀家」の認識も希薄な都会で、寺の敷居は高いと見られているという。「知らない坊さんにいきなり『死産しました』とは言えません。でも、でも医師とは違う、心が安らぐ話を是非していただきたい」と加藤さん。そして「死後の事をしっかり教えて下さることが、宗教者に期待することです」。

「死産」には人工中絶も含まれる。出生前診断クリニックの夫医師は、排卵誘発剤で多胎となり減胎処置をしてから訪れる母親に、子宮内に無事な胎児と共にいる遺体をエコー映像で敢えて見せ、「ちびちゃん、ここにいるね」と説明する。母親は泣くが、「ちゃんといるのですね」と安らぐ。「いなかったこと」にしたくない思いからだ。そのように人によって様々に異なる事情に「しっかり優しく寄り添ってほしい」という会員たちのメッセージを、女性僧侶が受け止めようとしている。

東京都港区、真言宗豊山派明王院の市橋俊水さん（48）が加藤さんを招き、他宗派も含めた僧侶仲間の勉強会を2015年に開いたのは、それ以前に大学病院での研修会で流産を経験した母親の苦悩を聞いたからだ。30代の母親は寺に供養を依頼すると、「水子は逆縁で親不孝の罪があるから、三途の川の賽の河原で石を積んでは鬼に崩されている」と供養の〝理由〟を説明され、胸がつぶれるほどの衝撃を受けたという。自分を同じ僧侶と知って打ち明けたその母に市橋さんは「ごめんなさい、としか言えませんでした」。

「赤ちゃんを亡くした悲しみに追い打ちをかけるような対応は絶対におかしい」。そう考えてすぐ動いたのには理由がある。自らも38歳で結婚後に不妊治療を続け、41歳でようやく長女を出産した。以前は他人のそういう苦しみを分かち合うことができなかったが、その後は痛みが分かるようになったという。そういうところにこそ仏教者の仕事があると、同世代の僧侶らに声をかけて研修会を始めた。

市橋さんがポコズママの会の会員らを招いた僧侶仲間の勉強会では、5か月前に死産した母親が訴えた。少し前までお腹の中で動いており、周囲から産着やおもちゃを贈られて幸福感に満たされていたのが突然、地獄に突き落とされた。遺骨を手元に置きたかったのに、僧侶から「墓に入れないと成仏できない」と言われた。「生まれる前で赤ちゃんは元々けがれてもいないのに」と肩を震わせる。

「誕生日が『命日』になってしまった」と嗚咽した母は、その後も誕生日ごとに「おめでとう」とケーキを飾り、家族にも言わずに自分で供養しているという。「命日って言われたくない」との言葉に、「ケーキのロウソクも可愛いのにしては」と提案を思い付いた市橋さんは、赤ん坊を亡くした母親たちのその時々の気持ちに添うしかないと考える。決して「忘れましょう」などと言ってはいけないと。半年後の研修会では男性僧侶が「流産した檀家の女性が何度も尋ねて来るが、どうしていいか分からない」と打ち明けた。

別の例もある。双子の片方が死産だった母は20年も遺骨を家に置いていた。友人に「しっかりして」と言われて墓に納骨すると、暗かった気持ちが前向きになった。無事に育った息子はそれまで、「なぜ自分だけ生まれたのか」と死んだ兄弟と重ね合わされている気持ちを引きずっていたが、自分が残って良かったとの親の思いを感じることができたという。「そのようにそっと促す役割をお坊さんはできるのでは」という母親に市橋さんも同感だ。

市橋さんは「水子供養」を変えたいと考えている。若い母親には「例えば『子仏ちゃん』と呼ぶとか。ネットで寺の『水子供養』を検索しても怖い話が多いですから」。墓がなく嫁ぎ先の代々の墓にも納骨できない人のための永代供養墓を建立しようとも思う。「何でも相談できる坊さんでありたい」と。

長い回り道をして寺に入り、仏教には人を救う「キット」が法話とか儀礼、写経、護摩など数多くあると実感している。一個の小さな身体でなぜそれができるのか。「苦集滅道」。それは「苦」に対処する仏教の根幹の「四諦」と呼ばれる教えだ。「僧侶はそれを理解し身に付けているはず。誰かへの助言も、私の個人的考えではなく仏の教えだからです」。

宗教学と生命倫理を研究する村上興匡・大正大学教授は「宗教者が科学の土俵に立つ必要はない。生きて、いのちがあるからこそ苦に悩むというところから出発することです」と話す。仏教は、「苦とは思い通りにならないことを思い通りにしようとする執着」ととらえる。「出生前診断でも、できる出来ないで人間を選別しようと考えるから問題になる。人間とは、そもそもできない存在なのだというのが仏教です。できない人も皆同じく、なるべく辛くないよう生きることを教えている」。

市橋さんが自ら体験した「苦」は、30代で不妊治療のため毎日通院した時だった。妊娠できない患者たちが苛立っている病院へ第1子を連れて来た女性に「何と無神経な」と腹が立った。だが、それが「妬み」だと気付き苦悶する。もう治療をやめようと思った時に子供ができた。「100人に2人の幸運」と医師に告げられたが、「残り98人の苦しみがある」と負い目も感じたという。

3　生殖補助医療をめぐって

〝父〟は誰？　非配偶者間人工授精（AID）

いのちの誕生に関する医療が留まるところを知らぬように拡大する。そして、ここでも「いのち」が大きく揺らいでいる。

家族の思い出がガラガラと崩れ、一緒に映っている写真が霧のように消滅して行く感じ……。非配偶者間人工授精（AID）で生まれた横浜市立大学病院の医師加藤英明さん（43）は、自分が「父」ではない第三者からの精子提供で命を受けた事実を知った時の衝撃をそう表現する。「これまでの人生は何だったんだという浮遊感に襲われました」。14年前の12月13日、29歳の誕生日だった。医学部生で血液検査の臨床実習をした祭、両親と自分の血を調べたところ、父と遺伝的つながりがない事が分かった。自宅で父が留守の時に思い切って母に訪ねた。「僕はお父さんの子じゃないの?」。母親は、仕方ないというように認めたが、詳しく質問すると不機嫌になり、「あなたが勝手に調べるからいけないのよ」と言った。

長い間子供ができない両親は病院を受診し、父が無精子症と診断される。そこで、精子提供の実績で名高い慶應義塾大学（以下、慶應大学）病院でAIDを受けた――。初めて知った事実に、家族旅行や正月の記憶、父と過ごした年月が嘘のように思え、「自分は何者なのか」と苦しんだ。「お父さん」と呼べなくなり、隠し続けられたことに腹が立った。「自分はそんな、人に言えないような技術で産んだ恥ずかしい子なのか」。打ち明けなかった理由を説明しない親に不信感が募るとともに、自らの出自を探る加藤さんの〝旅〟が始まった。「白紙になったものを埋めたかった」。

精子提供者は匿名だが病院関係者らに何度も当たり、おぼろげながら輪郭が見えた。当時の慶應大学医学部生で運動部所属、提供には１回２～３万円の報酬が支払われていたと聞かされた。時期的な条件で絞り込み、該当する年次の卒業生４００人分の名簿を手に入れた。インターネットで調べて情報を入手、顔写真も集め、これに半年もかけたという。それを手掛かりに、自分に顔が似ている人を訪ね歩いた。もちろん、相手がけんもほろろのことも多い。現在大学教授をしている男性は、自らは提供をしていないとしつつ、「匿名は、生まれる子供から見ると問題だ」と励ましてくれた。だが、今もなお、遺伝上の「父」にたどり着けない。

加藤さんのパソコンには精子を提供した「父親」候補の写真データがたくさん入っている

関連文献を読み漁った加藤さんは、「こんな思いを他の子供たちにさせてはならない」と強く感じ、同様に精子提供で生まれた人たちと２００５年に当事者の会を立ち上げた。ＡＩＤ自体を否定するのではなく、「出自を知る権利」の重要性を社会に訴えるためだった。「同じ境遇の方と話せてうれしかった。隠すことは大きな間違い、積極的にＡＩＤを選んだのだから子供の思いにまで責任を持つべきです」と言い、その後は実名を出して発言をしている。

ＡＩＤは１９４８年に慶應大学病院で開始され、これまでに１万～１万５千人が誕生したと見られている。その後、実施数は年３０００回近くに上り、１００人近くが生まれている。「精子バンク」が社会問題化した97年に、日本産科婦人科学会は営利目的での提供を禁じる条件付きで事実上認めた。だが法的規制はなく、最近はネット上で個人が提供を宣伝するケースも広がっている。

加藤さんらの会はまだ20人程度。「親が知らせないか、知っても言いたくないか、まだまだそれを公表しにくい社会なのです」。加藤さんは、告知は早ければ早いほど親にも子供にも良いと言う。「それが親子の信頼関係です」。加藤さんがいつも持ち歩くパソコンには「父」候補の男性150人余りの顔写真が入っている。

そんな加藤さんは女性と交際する時、3つの質問をさりげなくする。何歳離れているか、一人っ子かどうか、父親の仕事は何か、だという。同じ精子によるAIDで出生したか、その提供者である慶應大学医学部出身者を父に持つ異母きょうだいではないかを確認するためだ。当時、1人のドナーから10人まで精子が提供されていた。

精子や卵子提供、代理母など生殖補助医療について加藤さんは「患者と提供者、医師だけのことではない。新たな人間として生まれて来る子供は重要な当事者なのです」と強調する。不妊治療もそのゴールは妊娠・出産まででではなく、「親子関係や家族を築くことのはず。そうだとすれば子供の立場を考えることは不可欠です」と。出自を知りたいという気持ちは人間として根源的な願いだと実感している。「でも、子供への対応やケアを後回しにして技術ばかりが先走る」と危惧する。

加藤さんは「子供は親のものという考えは疑問。そんな考えから出自を知らせないのもおかしい」と指摘する。夫婦が個人的に子供をほしいと望むこと、医療を使って子供を持つことも自由だが、そこに周囲や社会の無言の〝圧力〟があることをも問題視する。「結婚した男女に『子供はまだ?』と聞く。子供がいなければ『なぜ』と。そして血縁第一という家族観が根強いから、血のつながっていない親子関係を恥ずべきものとして隠す風潮があります」。そのような倫理観、いのち観について「皆さんに考えてもらいたい」と語る。

「ＡＩＤで生まれ育った人は相談相手がいない。そんな現状を知っていただいて、当事者の話を聞いてほしい」。そして、宗教者にも期待する。医療者と違って人智を超えたもの、神仏から委嘱を受けて人々に接する「専門家」だからという。自分たち医療者は患者の状況に応じて治療という対応をするが、「いのちや死を深く理解している人や宗教者は、その本質を相手に応じて自分の言葉で応答できるはずです」。生殖医療も、あるいは終末期医療でも、それをどこまでするかという自己決定を「いのちの聖」が支えてくれればと願う。

自らに精子を提供した見知らぬ男性を、加藤さんは「父ではありません」と断言する。時間も生活も全く共有していない。「親とは、血縁はなくても一緒に過ごした年月や経験を互いに共通に認識している人です」。不妊治療の末にＡＩＤを選んだ両親は、ともに加藤さんよりも44歳年上だ。29歳の時に出自を聞き出し不信感を抱いた母親に対して今、「僕を産むために苦労してくれたのには同情します。唯一の血縁ですよ」と言い、ごく普通の母と息子の関係だという。

「騙された」と違和感を覚えた父親には、８か月後に「お父さん、血がつながってないこと知ってた?」と聞いた。「ああ、知ってたよ」の答え。「何の説明にもなっていませんが、ほっとつかえが取れました」と加藤さんは振り返る。以前の普通の父子関係だった状態に戻ったわけではないが、話のできる新たな「別の関係」になれたと思った。

各地で講演をする際によく聞かれる。「生まれて来たことをどう思いますか?」。加藤さんはすかさず「生まれて良かったです」と返す。今もなお「遺伝上の父」を探し続ける加藤さんに、「会ってどうするのか」を尋ねた。少し考えて答えた。「一緒に酒が飲みたいです」。

卵子提供と家族の形

「匿名第三者卵子で出産　国内初」。2017年3月22日付けの新聞各紙が1面で大きく報道した。「早発閉経」で卵子がない女性に血縁関係のない女性からの卵子を提供し、体外受精で1月に女児が誕生した。仲介したNPO法人「卵子提供登録支援団体（OD－NET）」理事長の岸本佐智子さん（52）は、無事出産の知らせに涙が止まらなかった。「提供者から喜びの手紙をいただき、幸せな両家族の声に私も幸せです」。神戸市内のオフィスビルにある事務局で、優しげに顔つきをほころばせて言う。岸本さんはこれまで、病気による無卵子などで子供ができない女性の悩みを数多く聞いて来た。全貯金800万円近くをはたいて海外で卵子提供出産を試みたが成功しなかった女性は「最愛の夫の子供がほしいのにだめで、身も心もボロボロです」と泣いて電話して来た。

岸本さんは次女が1992年に染色体欠失で子供ができにくいターナー症候群と診断され、患者団体を立ち上げた。たくさんの訴えから「母になりたい」との女性たちの希望を実現させるため2012年10月にNPOを発足させた。医療施設と提携し、インターネットなどでドナー（提供者）を募集して登録、厳正な審査によるマッチングによって施設で選んだ患者に匿名で卵子を提供する。

申し込んで来る患者の多くは30代で、苦悩は様々だ。海外で提供を受けるのは多額の費用で困難、「安心できない」。「40歳近いので焦る」「なぜ子供ができないのかと周囲の〝圧力〟を感じる」。国内の一部で行われている血縁者からの提供は実施できない人がほとんどだ。ドナー希望者は「自分は子を持つ母として幸福なので、困っている人に喜んで差し上げたい」との姿勢が多いという。200人以上から申し出があったが、健康状態や年齢なども考慮して20人ほどに絞り込んでいるため、患者の公募はしていない。

ドナーから卵子を採取し体外受精した胚を患者の子宮に移植するまでは、すべて全国5か所の提携施設で行われ、15年には2組が受精卵凍結にこぎ着けていた。ただ、マッチングには様々な問題が関わる。岸本さんらは、優生思想につながりかねない「優秀な子供を」という考え方には与しない。そこから当然、患者側は新生児に障がいがあっても受け入れ、母子関係に関わる血液型を除いてはドナーを選べない、との条件を決めている。卵巣に針を刺す採卵はリスクが全くない訳ではないが、万が一の合併症の補償はない。

大きな問題が生まれた子への出自の告知だ。同団体では、JISART（日本生殖補助医療標準化機構）のガイドラインに基づき「出自を知る権利」を明示し、15歳以上で希望すれば子供に提供者の情報を開示する。岸本さんは「信頼のためになるべく幼い頃から話した方がいい。隠すと悪い事のように誤解します。優しいおばちゃんから卵をもらい、生まれたあなたを大事に育てたのよと言ってあげて」と力を込めた。こんな事情でドナー登録者が「将来、自分の事が分かってしまう」と途中で辞退することもあるという。

なぜそこまでして子供を産むのか、倫理問題をめぐって賛否両論がある中、「養子でもいい。卵子提供を勧めるのではなく、幸せになる選択肢を示すのです。なぜ子供がほしいのか、夫婦で人生観を話し合ってほしい。子供に愛情と責任を持って育て、いのちに感謝していただきたいのです」。そう説く岸本さんは「人の幸せが私の幸せ」と言う。

ＯＤ－ＮＥＴに子供がほしい女性が悩みを寄せる事情は多様だ。夫は2人だけの生活でも満足と言うが妻が「どうしても夫の子供がほしい」という場合。逆に夫が卵子提供を勧めるが「他人の血縁の子供を愛せるのか不安」。姉妹からの提供に「仲が悪いから嫌」というケース。仕事が忙しくて高齢で結婚し、海外へ治療に行く時間もないという女性もいる。一方、提供希望者も登録後に体調不良や仕事、あるいは再婚したことを理由に取り消す人もいた。

理事長の岸本さんは「皆さん、常に心は揺れます。人間関係や社会の縮図そのものです」と言い、この25年間に接した女性は800人以上に上る。5時間も電話で話す人もおり、「つまり、どう生きるかという人生観。だからいのちについて語れる人が相談に乗り、寄り添って下されば」と訴える。「すぐに回答できなくても、その人の辛い気持ちをまず聴くことが大事。そうすれば肩の荷が下りるのです」という岸本さんは、ターナー症候群である次女に、「ちっとも悪いことじゃなくて個性だよ」と言い聞かせて育てた。今、成人して看護師の仕事を頑張っている。

岸本さんは「生き方がプラスになり前向きにさせてくれる、そして自分だけでなく人に尽くして一緒に幸せになる、そんな考えを持てるようになったのは仏教の信仰のお蔭です」と語る。生まれた次女が同症候群と診断された時は3日間泣き続けた。だが「いのち」への愛おしさに支えられた。人は人と支え合うことがどれほど大事か。患者の相談を受ける中で「励ましているようで自分が励まされることが多い。そう思えるのは私があの子を産んだから学べたことです」と。だから誰もが人間同士として目の前の一人ひとりを大事にしてほしいと願う。

岸本さんがその様な理念で進めるOD－NETの活動も、生殖補助医療の先端を走っている。1983年に東北大学病院で国内初の体外受精児が誕生して以来、精子提供や受精卵への操作なども含めこの領域の動きは目覚ましい。

インターネットで「卵子提供」を検索すると、ハワイやマレーシアでの提供、受精をPRする斡旋業者などのサイトがずらりと出て来る。「米国の半額以下」と格安さや利便性を売りにしているが、いのちの尊厳の問題には触れられず、体外受精後に障がいにつながる染色体異常などで卵を選別する「着床前診断」をアピールもする。2016年秋には米国で、他人の卵子と母親の卵の核を使い、父親と3人分の遺伝子を継ぐ子供が誕生した。国内では同年10月、奈良市の婦人科クリニックで凍結保存した受精卵を使って妻が別居中の夫に無断で妊娠、出産し親子関係を争う訴訟が起きた。

一方で、ヒトのｉＰＳ細胞で卵子や精子を作製する京都大学の研究計画が既に文部科学省に受理されており、慶應大学チームは子宮移植の臨床研究計画を学会や倫理委員会に提出する動きを見せている。多くの生殖医療技術には法的規制がまだほとんどなく、学会の指針以外はルール作りがなかなか進まない。岸本さんらは国会議員への陳情など卵子提供の法制化要望に力を入れる。それは実施体制の安定や提供者と対象患者拡大、出自を知る権利の確立にもつながると言う。そして何よりも「血縁だけではない様々ないのちのつながり、多様な家族の形が社会で認められることですから」と強調した。

4　生命倫理と宗教者

医学生らに伝える「いのちの尊厳」

広々した講義室に座る40人ほどの学生は女性が大多数。教壇でパワーポイント資料を解説する講師の戸松義晴・浄土宗心光院（東京都港区）住職（64）の話に真剣に聴き入る。関東のある医療系大学での「宗教学」の授業で、受講者は臨床検査技師などを目指す医療者の〝卵〟たち。仏教の立場から広く社会問題を研究する「浄土宗総合研究所」で主任研究員を務める戸松住職が、同じ観点から生命倫理について教える講義で、他にも看護師や医師志望者を対象に授業をしている。

この日は、脳死臓器移植や終末期医療を題材に医療技術と倫理、宗教の考え方について話が進む。脳死移植については新聞社による調査を基に各宗教教団の姿勢を解説。「仏教的生命観に反する」との反対意見から「慈悲を施す行為」とする条件付き賛成までの差異、脳死が人の死かどうかについての論議にも、学生たちは大きな興味を示す。

戸松住職は次に、オランダでの「安楽死」の実例を示し、終末期における延命措置について問いかけた。「一般論ではなく自分の身に起きた事として考えて下さい」。受講生の中で「これまで考えた事がある」と挙手したのはごくわずかだったが、「延命措置の中止などの『尊厳死』法制化」にはほとんどが賛成、そして「医師による積極的安楽死」についても多くが賛成した。最初から学生の意見を誘導してしまわないように、住職はこの種のアンケートを授業前半にするが、生命観と宗教の講義を聴いた後には意見が変わることもよくあるという。

学生に自分で考えさせるため、様々な設問を出し、挙手を求めて論議するというやり方で授業は進む。「安楽死」の問題では「親がそうなっても賛成ですか」と問うと学生の表情が変わった。「法律で決めるとそれがスタンダードになり社会的弱者へのプレッシャーになるのを危惧する考えが宗教界には多い」との説明に続き、「ベストの答えというのはないでしょう。当事者の考えこそが大事だが、事前意思表示書がなければ、周囲の人つまり皆さんがどう決めても悩ましく、結果の重さを背負わねばならない」と結ぶ講師の顔に教室中の真剣な視線が集まる。

生殖補助医療を取り上げた前回の授業では、卵子提供や出生前診断について講義し、「代理出産」の問いでは当初は賛否「どちらとも言えない」が大多数だったが、論議の後では多くの学生が「賛成」に回った。戸松住職は、通常の自然な出産が減る傾向の中で医療の拡大で従来は考えられなかったことが可能になり、例えば「デザイナーベイビー」など望めば何でもできてしまう状況を知って学生の意識が変化したと見る。

そして僧侶として「生老病死すべては仏教で考えると生であり、死も生としてとらえられる。どれもが執着するから苦となり、代理出産もそう。子供ができないことを受け入れれば苦ではなくなる。浄土教ではありのままのあなたを認めるということがあり、生殖補助医療も関係者が認め合えばありのままとも言えるでしょう」と訴えた。

授業では生命倫理についてのNHKの世論調査のデータを示す。「人のいのちの始まりは」の問いで「胎児」との回答が52％で最多、次いで「受精卵（胚）」23％、「精子卵子」16％と続く。日本人の生命観を確認する狙いで、死についても住職は、「伝統的に私たちは温かい体が冷たくなって行くというプロセスで死を受け止めて来た」と「脳死」に疑義を示す。そして毎回念を押すように強調するのが、「人のいのちほど大切なものはない」の回答が95％に上る調査結果だ。

戸松住職には忘れられない光景がある。かつて生命倫理の研究で留学した米国の大学で、「エッグドナー募集」との掲示が学生食堂にあったのだ。不妊治療に用いる卵子の提供者だ。「白人、金髪」と「有色人種」とで報酬金額が違うのも衝撃だった。同国ではオリンピック選手やノーベル賞学者の精子にも高値が付くという。そんな生殖補助医療の野放図な拡大には宗教者としてしっかり対応しなければならない、という信念が戸松住職にはある。

他の大学も含めて医療関係の教育機関で宗教者の立場を講義するのもその狙いだ。「大学は学問だけでなく、学生が人との信頼関係を培う場。こういう問題があると示すが、学生に自分で考え、道を見つけてもらう。それも僧侶の仕事です」。それは、仏教的には「苦集滅道」と呼ばれる、真理に到達するための方法だという。

では何を示すのか。脳死移植なら、仏教界の反対意見は示した上で、例えば檀信徒の個人に問われれば自己決定による選択を尊重するという。「何より重いいのちに関わること。法然上人がお念仏を選ばれたのと同じです」。生殖補助医療でも、反社会的技術でなく犠牲が大きくなければ「選択もあり得る」と。中絶問題では様々な状況にある当事者は安易に決定しているわけではなく、「頭から全否定したり、水子供養をしたりするだけではいけないでしょう」。そこには、そんな事態に女性を追い込まないような社会にしなければならないという使命感と、仏教者がこれまで社会に宗教的倫理をしっかり示しては来なかったという反省がある。

医療技術の発展は不老長寿を求める人間の欲望から来る宿命であり、何事も便利さを追求するのもそうだと考える一方で、「現代医療はすべて自然の生命への介入。でも幸せを得られるなら私でも求めるでしょう」と正直に認める。しかし、宗教はそこで、「『欲望だけでいいのか考えよう』とも言うべきでしょう」と付け加える。

最大公約数でなるべく害の少ないものを選ぶ。例えば生命操作の研究にも関わる「いのちの始まり」の問題でも、仏教的に明確な定義は困難だが、教えから的確なものを演繹する。そのために教典などの言葉をどれだけ深く理解しているかが問われる。研究はそのためにあり、「僧侶はいのちのプロフェッショナルとして人々や社会に責任があります」と強調した。

大学の授業でも戸松住職は「皆さんが医療のプロフェッショナルとしていのちの事をどう考えるか。そのために講義を役立ててほしい」と結ぶのを忘れない。受講生の1年女子学生は「お坊さんは葬式でお経を読むのが仕事だと思っていたけど、授業を聞いて医療者と違う幅広い考え方があることが分かった」と納得する。

必ずしも浄土宗の教義に基づく生命倫理観を提示するわけではないが、仏教総体として医療技術の激変に留保を付ける姿勢と、どの宗教も価値の根幹に据える「いのちの尊厳」への思いは学生に伝わったようだ。「安楽死」に「医療はあくまで命を守るものです」との意見を出した男子学生は「死後の事を扱うお坊さんが生命について話すのは疑問だったが、講義で死という視点で生を考えるのはとても刺激になった」と目を輝かせた。

「いのちの専門家」である宗教者の姿勢が問われる課題は山積する。多くの宗教教団は、「社会への責任」としてどう取り組むか、模索を続けている。

宗教団体と生命観

「iPS細胞から精子や卵子の生殖細胞を作り、不妊治療に使うことを認めるか認めないか」。新聞社による主な宗教団体へのアンケートが、2017年3月に東京都内で開かれた「教団付置研究所懇話会」の生命倫理研究部会で論議された。仏教や新宗教、教派神道系など各宗教教団の研究機関の生命倫理問題担当者が情報交換や協議をする部会で、これまで脳死移植などについて研究を重ねた。例えば曹洞宗は「生も一時のくらゐなり死も一時のくらゐなり」と宗祖道元の『正法眼蔵』から「今を生きる」ことを重視し、あるいは「命を継ぐことが大切」（日蓮宗）、「人生は阿弥陀如来の願いに遇うという視点から価値づけられる」（浄土真宗本願寺派）と、各教団の生命観も示された。そのような教理的な姿勢を目前の現代的事象にいかに結び付けるかが課題だ。

17回目のこの日の会合は10機関が参加。iPS細胞をめぐる設問に、「自然の摂理に反し、認められない」「遺伝子操作で人為的に『望ましい状態』を作り出す危険性がある」「病気治療以上に欲望によって人体改造するのは慎重に」といった見解が示され、医療技術の進展に「『違和感』を大切に、それをどう言語表現するかだ」との意見もあった。

部会として「生命倫理問題について社会から宗教界の答えを求められることに期待したい。そのために各研究機関が率先して考え、一般の人に分かってもらえるよう努力を続ける必要がある」と申し合わせたが、アンケート設問に「教団として答える検討結果を持ち合わせていない」とする宗派もあり、各教団の悩ましい現状も浮き彫りになった。

実は部会構成団体の浄土宗総合研究所が2012年にキリスト教も含めた146教団に生命倫理への

対応について調査をしたが、回答があったのは21教団だった。しかも、出生前診断など生殖補助医療、中絶に関しても「組織として調査研究している」と答えたのは、浄土宗、カトリック中央協議会、大本、天理教の4教団だけだった。

「いのちの専門家」の出番はあるのか。生殖医療研究者で全日本仏教会でも講義した柘植あづみ・明治学院大学教授（57）は、宗教者の役割を指摘する。出生前診断で「ダウン症は検査できます、と妊婦に言うだけでも医療はある意味で不安を振りまいている。安易に受検したり中絶する女性などいないのに、宗教者が現況を理解せず『中絶はいけない』と簡単に言うだけなら、女性にのみ責任を押し付け、突き放すことになる」と釘を刺した上で、死産や中絶でも、いのちについて宗教者がきちんと個別の現実に向き合い、何を伝えられるかが重要だという。胎児が火葬される際、両親は絶望と罪の意識に苛まれる。「せめてその時に、『亡くなった子供を思って生きて』と支えてほしい」と具体的だ。

柘植教授は徹底して当事者女性の気持ちを汲み取る。死産でも「妊娠して嬉しかった」と言い、亡き子の歳を数える女性に、医療現場では「次また頑張って元気な子を」との言葉が投げかけられる。寺院の住職ならば例えば、檀家の女性から出生前診断を受けるべきかと事前に相談されても、「医師と同じような対応ではなく、『受けてどうするのですか』などと当事者が自分で考えるように寄り添っていただきたい」と。

そして、「本当は障がいがあっても産みたいけど育てるのが難しくて産めないような社会を変え、あるいは子供がなくてもプレッシャーを受けずに幸せに生きられる多様な社会を示すことも、人々の身近な所にいて大きなビジョンを持つ宗教界の務めではないですか」と強調した。

科学と宗教　越えてはいけない一線を示す

二弦琴の音と四拍手とともに荘厳な祭祀が始まる。多くの信徒のいる宗教教団「大本」の聖地・京都府綾部市の「みろく殿」で毎日午後に行われる「霊祭《みたままつり》」は、この教団の生命観を表している。「人は神の子、神の宮」。人間の生命は主体的人格を持つ霊魂とこれを宿す肉体からなり、生命の大根源は一つ（主神）とする大本では、人が亡くなると魂は天上の霊界へ〝復活〟して生き続け、その祖霊を子孫が祀る事が重要だとされる。

祭祀は790畳敷きの静かな大広間で、まず米などを供えた中央の祭壇、次に右の祖霊社の祭壇と斎主も信徒も移動し、松の玉串を捧げて長い祝詞を奏上する。「青人草悉くは神の御子として……清き明るき御魂を賜りて生まれ出でたる」。信徒の家庭でも同じように行われる「この祈りそのものが、言説を超えたいのち観の宗教的表出」。そう説明するのは同教団教学研鑽所の斉藤泰主幹（57）だ。

教団付置研究所懇話会生命倫理研究部会でも明確な主張を展開する大本で、斉藤主幹は90年代に脳死臓器移植が社会問題化したことを契機に「いのちに深く関わる宗教者の当然の責務」と生命倫理に取り組んで来た。教団は研究だけでなく、脳死移植に反対するため「ノンドナーカード」を発行し、国にも申し入れるなど実践活動をリードしている。

生殖補助医療で焦点となる「人の生命の始まり」を大本は「受精卵（胚）」とする。卵子と精子それぞれの遺伝子を受け継ぎ、それまで存在しなかった新たな個体が発生するからだ。しかし生命科学の理論だけではなく、「霊的に言えばその時に微弱ながら人格を有する霊魂が生まれるからです」と主幹は言う。「その胎児は即ち天人の蒔いた霊の子の宿ったものである」と、出口王仁三郎聖師著の根本教典『霊界物語』にある記述を深く解釈した結果だ。このような信仰上の姿勢が、様々な課題を宗教者として明快に論じ批判する強力な根拠となる。

各種の医療、生命科学の研究に用いられるＥＳ細胞（胚性幹細胞）は、主に不妊治療の過程で生まれた受精卵（胚）のうち妊娠に使われずに余って廃棄されるものを破壊して作られる。それは薬品漬けにしたり他の動物との混合などの実験にも使用される。「体に負担をかけてまで不妊治療を受ける夫婦が自分たちから生まれた受精卵がそんな扱いをされるのをどう思うでしょうか」と斉藤主幹。子宮に戻されずに自然に命を終えるのではなく、「『どうせ捨てるから』と加工するする発想は恐ろしい」。背景にベンチャー企業のバイオ産業への進出も見据えて「人命の商品化」だと厳しく批判し、生命軽視の風潮を結果として助長すると警鐘を鳴らす。

「宇宙に遍満する霊的存在である主神」が一切を創造し、すべてのいのちには「その尊い霊性が宿る」とする教理は、原発反対や反戦平和活動にも広がる。主幹は「日常活動で人間の生と死に常に直面し、その意義を真剣に説く宗教だからこそいのちの問題に向き合うべきだ」と強調した。信徒だけでなく一般社会にも働きかける姿勢を持たねばならないと。

古来、心や精神面を担って来た宗教、総体として肉体面に偏り精神面を疎かにして来た科学、「二つを両立させる道は必ずあります」。代々の信徒の家に生まれ育ち、教えは生活そのものだという斉藤主幹は「自然を人間の欲望で思うようにせず他のいのちを犠牲にしない、穏やかな生き方を大事にしたい」と語る。１時間近く続く霊祭のゆったりした時の流れがそれを物語るようだった。

「生命科学技術の暴走を食い止めるには、宗教が社会を変えるくらいの力を発揮しなければ」。教団付置研究所懇話会生命倫理部会をリードする浄土宗の今岡達雄・総合研究所副所長（69）はそう強調する。同部会では、「生命の始まり」など生殖補助医療問題で各教団が教理上の根拠を模索するが、具体的な対応は様々だ。

「浄土宗では教義でも法然上人の言葉でも明確な根拠は見当たらない。だが技術の行き過ぎを防ぐために、越えてはいけない一線を示す役割が宗教にはある」と今岡副所長は言う。通仏教的な観点からは「不殺生」が根底になり、浄土宗的には例えば家庭の形の激変については「お念仏を毎日唱えられるような、いのちを尊重する環境を整える、ということが基本です」。

子供ができないカップルが幸せに暮らせる、望まれない出産で誕生した子供が幸福に成長できる、「そんな社会環境をつくることが仏教の務めだと思います」と語る副所長の考えは、研究者としての堅固な理念から来る。「仏教では人間の持つ根源的性癖を貪瞋《とんじん》癡《ち》の『三毒』と見ます」。むさぼり、怒りや憎しみ、真理への無知だ。

ここから人は他者との「差」を見つけ、「劣っている」と思えば弱い者を排除する。「津久井やまゆり園事件に見られる優生思想、出生前診断による障がい児の中絶。競争・格差社会もいじめもヘイトスピーチもそうです」。様々な社会状況を幅広く通底的にとらえる人間観が、生命倫理を考える上でも根底にあるという。逆に、自分が「劣っている」と思えば、「努力するか無視するか、怒りにつながり」、目先の欲望に支配される。

何としても「健常な子」を産みたいというのもそうなのか。今岡副所長は「違っていることを見つける事自体は重要で、向上につながればプラスです。かつては怒りでそれに対応してはいけないという社会通念があった。ダウン症の子なら、これはできる、あれもと前向きに生きて行けるような社会が」と指摘する。しかし格差が固定化される社会になり、「瞋」によって排除つまり中絶が選択される。「宗教は以前、そういうことへの歯止めだった。しかしその力は低下した」。副所長は「僧侶が『嘆かわしい』としか言わないのは責任放棄です」と厳しい。

ではどうすべきか。「我々は苦しみの中にいる人を救うのが使命。教義を今まで通り繰り返し口で言うことではなく、率先して新しい社会システムを構築することです」。障がいのある子供を育てやすい環境を例にとっても、抽象的論議ではなく「幼稚園を運営して来た寺院の蓄積から何ができるか」だと具体的に提示する。

社会の歪みを正すそのような視点が身に付いたのは、自らが僧侶になる際に「寄り道した」から。寺の生まれだが、大学は理系で熱工学の技術者だった。ジェットエンジンや原子力など先端技術の応用を研究する中で、原発事故などから技術には〝光と影〟があると実感し、応用の社会的影響を探る「テクノロジーアセスメント」を仕事の中心にした。

そこから「いのち」を深く考察するようになり、僧侶の道を歩んだ。法然の弟子としての信仰は確固としたものになった。生命倫理論議の根幹になる「いのち観」。「人はただ生まれ、ただ死ぬ。その流れが『生きる』ということ。阿弥陀様に迎えられ極楽浄土に往く、それで十分なのです」。「自然法爾《じねんほうに》」。自然に生まれ、あるがままに生きるという浄土教の教えが今岡副所長の中で、生きやすい社会を築くという理念にぴたりと重なっている。

人工妊娠中絶と「赦し」

２０１７年３月の発行以来、日本カトリック界では異例の１万部以上が購読された冊子がある。家族や人生観、誕生から死、差別や環境問題など、「いのち」に関する様々な論点をまとめたカトリック中央協議会の『いのちへのまなざし』だ。カトリック司教団が任命した６人の専門作業チームによる原案を基に、全司教の協議で完成させた内容だ。16年前の旧版から、「新型出生前診断など生命科学や生と死に関する諸問題で状況の変化が大きく、家族の形もかなり変わったので全面改訂しました」とチーム代表の幸田和生司教（62）＝東京大司教区＝が言う通り、厚さも２倍近くになった。

中でも生命倫理については詳細だ。「いのちの尊厳」を大前提に、出生前診断では「障がい者の出生を『予防』するという観点から受け入れられ……本来、存在することそれ自体で尊厳と価値をもつ人間を『役に立つ』か生産性があるかで判断する……優生学的な方向」を「いのちの『選別』」と懸念している。生命操作技術では「いのちの始まり」を受精卵（ヒト胚）とし、「それをモノのように扱う……作成したり利用、操作、破壊したりすることは……人間の尊厳を損なう」と指摘する。

ただ、幸田司教が「これが教会の主張、教えだというより、皆でこう考えていきましょうというもの」と説明するように現実の社会状況との関係で記述が「やや抑制的」な面もある。科学技術の発展を『神の領域を侵す』と短絡的に否定するものではありません」と宗教的知恵と知識の総合を掲げる。出生前診断でも、一方では出産準備の利点を挙げる意見も紹介し、「全面反対ではなく、慎重であってほしいと願うのです」と司教。

「神はご自分にかたどって人を創造された」（『創世記1』）。冊子に見られる生命観が当然、聖書に基づいていることを示して司教は「そこから全てのいのちの尊厳と平等性が導き出され、イエス復活の話で肉体の命を超えた永遠のいのちがあることが分かる」。だが「一方でイエスが十字架の死を受け入れたように、肉体の死を受容することも不変。それを生命科学など現代の事象に当てはめて考察するのです」と明快だ。

日本的な自然観に対してキリスト教がしばしば「人間中心」主義と評される点については、「生命倫理、環境倫理、社会倫理」を総合的にとらえた教皇フランシスコの2015年の回勅を引き、「自然との調和という観点も大事。それは日本の伝統的なというより元々の人間の感性でしょう」と強調した。

冊子が多くの信徒や一般の人々に読まれ、そして「実際の個別課題への対応は、現場の司祭たちが勉強会を開くなどしてカウンセラーのような取り組みをしてほしい」と幸田司教は願う。その課題の最たるものが人工妊娠中絶だ。司教は「基本的には反対。しかし、とても悲しい事だがその女性の痛みに寄り添うこと、そこへ追い込まれないような社会環境を作ることが大事です」と言う。フランシスコ教皇は「慈しみの特別聖年」の2016年11月、中絶した女性を告解によって「赦す」権限をこれまでの司教レベルからより人数の多い全世界の司祭に拡大した。

カトリック教会では中絶は「罪」で、赦されなければミサの中心となる「聖体拝領」を受けられない。実は司教の人数が少ない日本では以前から司祭が対応しており、幸田司教も司祭時代に経験がある。告解室で、何年も前の「罪」の重さに打ちひしがれる女性の姿に、長年の苦悩の大きさを痛感した。「イエスは率先して罪びとを赦した。私たちの基本は苦しんでいる人の心を救うことです」。いのちの現場でもキリストが導きとなる。

5 院長の〝挑戦〟

諏訪マタニティークリニック

1986年2月、多胎妊娠の胎児の数を減らす減胎手術を初実施。産科婦人科の学会などの批判にもかかわらずその後も続ける。累計1228例に（注：2020年5月末で1375件）。

96年8月、提供卵子による非配偶者間体外受精を実施。学会除名処分（後に復帰）。その後も継続。

2001年、初の代理出産。姉夫婦の受精卵を妹の子宮に移植。03年に2例目公表後も実施、学会が禁止の会告。

05年から、流産防止のため受精卵段階で染色体異常を調べる着床前診断を実施。

生殖医療で倫理的批判を受けながらも数々の施術の実施を公表、医療のあり方に問題提起して社会に波紋を広げるのが長野県下諏訪町、諏訪マタニティークリニックの根津八紘院長（75）だ。日本宗教連盟のシンポジウムでも宗教者らと激論を闘わせたが、「葛藤の中で悩みながら、国内の医療のあり方を問うため」という院長の姿勢をめぐって、「神の領域を侵す」「子供がほしいという患者の望みだ」といった大ざっぱな論議をするだけでは現場の苦悩の実態は見えてこない。

諏訪大社に近い町の閑静な住宅街にある同院は、大規模な6階建て。明るく広い待合ロビーは妊婦らであふれ、医師ら百数十人のスタッフが働く。特殊な不妊治療などで遠方から訪れる患者のためのホテルスペース、温泉浴室から多目的ホール、スリッパの滅菌設備まで、徹底した「利用者ニーズ」の設備投資が見て取れる。

諏訪マタニティークリニックの建物壁面には「いのちの泉」と院長直筆の標語がある

診察室で根津院長は、気さくながらも確信を持った口調で理念を語った。「困っている患者のために医師としての責任で決断する。理不尽な学会の決まりが人の心を無視するのなら、当事者のための医療を求めて断固戦う」。減胎手術についても「人の命を絶つことであるが、そうでなければ救えない命がある。一人でも命を救いたいとの思いで行っている。いわば緊急避難の相対的倫理です」という。

「人を殺してはならない」という絶対的理論とは別に、「国において、違法とされない形で命を絶つ行為も行われている。人工妊娠中絶や死刑。やむをえない正当防衛での殺人もある」と考えを説明した。

院長がそこまで言う「患者の苦悩」とはどんなものか。

「なぜ私だけが……」。一般の不妊症と無精子や卵巣機能不全など特殊な原因による不妊症の両方について相談窓口を設けている同院で、十数年以上相談業務に携わっているカウンセラーの渡辺みはるさん(52)は「人の持つ感情の中で、ひがみ、憎悪、嫉妬、羨望などは日常できる事ならあまり持ちたくない類のものを、不妊症治療の中ではどうしても自分と他者を比較してしまい、そんな感情と向かい合わなければならない時が否応なしにあるようです。だから必要以上にご自身を責め、その結果自己喪失感に苛まれてしまいます」と言う。

続けてこんな話を聞かせてくれた。自分と同じように不妊治療を頑張っていた友人が一足先に妊娠出産をし、正月にかわいい赤ちゃんの写真入り年賀状を送ってきた。それから一か月後その患者は「私は体だけじゃなく、こころも駄目になっちゃったみたい。友達だって、辛い治療を乗り越えて妊娠できたんだから、ほんと良かったねっとは思うんです。でも、私はまだ不妊治療を卒業できていない、私の家には赤ちゃんがいない。そんな私の状況を知ってるくせに、何でこんな年賀状なんか送って来られるの?!と思わず破ろうとした。人の幸せをねたんだり嫉妬するなんてどれだけ心が歪んで汚れた自分になっちゃったんだろって」。患者たちの苦悩はとても深い。

不妊治療に行くことで「それで結果は?」と聞かれるのが嫌だから、親にも誰にも言えない女性らに渡辺さんは「あなたも、なりたくてなった不妊ではないよね」と応えている。そのように患者の苦しみの原因は「周囲からのプレッシャー」もあるのだが、女性として生まれたからには「結婚したら子供を生むのが当たり前」という社会通念と、自身もそれに囚われていることもあると言う。そして「愛する人との間で家族を作りたいという理屈を超えた本能の部分で、それが成就できないことの苦しみは大きい」と語る。

そう言われれば、救うには医療的措置しかないのか、それとも子供ができないことをそのまま受け入れるよう支えるのか。他にはどんな対応があるのか。

特殊な事情による不妊症はさらに複雑になる。卵巣機能不全の女性が相談に行った病院で治療不能と突き放され、さらに「不妊症の治療施設は〝治療ができる体〟の人が来るところ。だからあなたの来るところではない。来るべき人達の迷惑になるから帰ってと言われた」と涙で訴える。「道端のお腹の大きな猫をさえ羨む」という辛さの話も聞かれた。

また、無精子症の30代男性は「精子のない僕なんか、離婚した方がいいのでは。こんな自分は生きている価値がない、もう死にたい」。妻の前では決して泣けないと一人相談室に来て号泣した。

長い年月を費やしても妊娠できずに終焉を迎える夫婦もいる。「どんな事情や背景があっても、相談室では患者さんのありのままを受け止め人生の物語に寄り添っています」と言う渡辺さんは「どの人も患者である前に『ひとりの人』としてみる意識を、私たちは忘れてはならないと思います」と強調する。

代理出産

「何とかして下さい」。子供が産みたくて諏訪マタニティークリニックに〝最後の望み〟を託し涙で訴える患者に、根津院長がもらい泣きすることもある。「他院で『諦めろ』と言われ、わらにもすがる気持ち。大変な苦しみですよ」。代理出産など特殊な生殖医療を禁止する学会に、「医師の考えだけで患者の生き方の選択権をなぜ奪うのか」と憤る。戦前の教師だった父に人に尽くすことの大切さを教えられて育ち、諏訪で開業したという。

姉妹間の代理出産の1例目には鮮烈な思いがある。２０００年1月、若い女性から救いを求める手紙が来た。自分が出産した後、姉が長年望んだ妊娠にも関わらず早期の胎盤剥離で胎児を亡くし、大出血で救命のため子宮も摘出したという。肉親の悲嘆に接した妹は「私が代わりに産めるものなら」と訴える。クリニックの評判を知って依頼の手紙を書いて来た。

来院した姉妹は診察室で悲愴な表情だった。「なぜ私だけ生きているの。赤ちゃんと一緒に死ねばよかった」と絶望の底にいる姉だけでなく、何よりも姉の苦しみを我が事のように思い、自分がなんとしても姉の子を産んであげたいという強い妹の願いに院長は心を動かされた。その思いが、社会に衝撃を広げた日本初の施術へと院長を突き動かした。2度の受精卵移植の試みで妹が妊娠し、翌年に出産。「力になれたことを誇りに思う」と院長は笑顔で振り返る。

このような肉親の心情は、姉妹間の卵子提供で妹がずっと小さい頃から白血病で戦ってきたのを見てきた姉が「やっと私の出番だ」と心から喜んで提供者になったケースもあったという。

だが社会的認知も法的基準もない代理出産はその後も論議を広げ続ける。同院では2017年までで14例に上り、03年にはタレントの向井亜紀さんが米国で代理母に依頼し2児が出生。厚生労働省の国民意識調査（07年）では代理出産を「認める」が54％に達する一方、「法的な親子関係が複雑」との意見も根強く、海外で代理出産した子の出生届が受理されない例が相次いだ。

インドなどで金銭授受を伴う例が問題化し、タイで日本人男性が十数人の子を代理出産させていたことが判明した。産んだ子の引き渡しを代理母が拒否するケースや、逆に依頼者が新生児のダウン症を理由に引き取らないという事態も起きている。同省生殖補助医療部会、日本産科婦人科学会が相次いで禁止の規定を出し、日本学術会議も法で原則禁止（一部試行容認）するという報告書案をまとめ、法務省と厚生労働省に提出した。

根津院長は、挑戦的ととらえられる医療行為を実施・公表することは、国内での生殖医療の現状を変えるための問題提起だという。「国内では頭ごなしに禁止、海外に行けば何でもありで見て見ぬ振りという姿勢、古くからの医師主導の医療が行われ当事者の声がルール整備に届かない仕組みを変えたいと思うから。医療は医師のためにあるのではなく、患者のためにある」と話す。

代理出産について、生命倫理に詳しい島薗進・上智大学教授（宗教学）は「医師の倫理観では良いことでも社会的合意抜きで行うと予期せぬ方向に行くこともあり得る。それが広く進められるようになった時、代理母の心身のリスクは大きいし、いったん認められると対価を払って依頼する方向になり、望む人の意思を抑えるのは難しくなる」と指摘。「『目の前の患者のため』を強調することで社会的状況の中での医療実践という配慮が足りないのではないか」と言う。

シンポジウムで根津院長と論議したこともある金子昭・天理大学おやさと研究所教授（倫理学）も「第三者を介した生殖医療は夫婦の協力関係による『産み育て』をゆがめ、人体の道具化・手段化につながる恐れがある」と前置き。院長の「助け合いといった心情に訴える言葉ばかりでは危ういものを感じる」とし、自ら宗教者としての立場から「神仏の賜物である人体の尊厳を、人間の自由意志、子宮まで貸し借りするという発想によって侵してはならないでしょう」と強調した。根津院長と宗教界との間の論点は数多い。

養子縁組の選択も

「走りながら考え……走りながら走れ」。クリニックの院長室には根津院長直筆の色紙が掲げられている。精子卵子、子宮がないなど器質的問題を抱える患者を根津院長は「生殖障害者」と呼ぶ。「差別的意味ではない。社会がサポートすべきだ。そういう人も子を持ちたいのは『本能』であり、代理出産などで、ビジネスベースではなくボランティアの思いで助けられる人が助けるという相互扶助社会が望ましい」と、「扶助生殖医療」を提唱する。

養子縁組も、医療ではないが不妊治療の選択肢の一つだとも考えており、例えば精子提供を「精子の養子縁組のようなもの」と院長が位置付けるのに対しては、「社会的合意のない生殖医療よりも養子や里親を」とする宗教者の側からも理解を示す向きがある。だが、「当事者の望み」を前面に押し立てる院長の姿勢には異論も多い。

島薗教授は「『生殖障害者』との言い方は『正常』と『障害』の区分が持つ社会の規制力に無自覚だ。ある身体的特徴を一律に『障害』とすべきかは場合によって異なるのに、子供を産めるようにすることが医師の義務であるかのように語ることによって、産めないことは不幸だという判断を強く押し出し、その価値観の下に他者の生活の良し悪しを差別化している」と疑問視する。そして、「それぞれのいのちのあり方をそれ自身において十全のものとして受け入れるというのが、多くの宗教が教えるいのちの尊厳。そういう姿勢こそが医療においても基礎にあるべきではないですか」と宗教的視点の必要性を指摘する。

「子がほしい」と望む気持ちを「我欲」と切り捨てることは論外としても、宗教界には「『子のいない人生も素晴らしい』と幅広い価値観を提示することも大事」という意見が多い。そう伝えると、院長は「患者はすでに散々苦しんだのに、自分が子を持って幸せな人生を過ごして来た人が言うべきではない。5人の娘に恵まれた私も言えません」と反論した。「他者が生き方を決めつけて押し付けるのではなく、選択肢のメリットデメリットをきちんと患者さんが知って、その上で自分たちはどう生きるのかを考えればよいことです」とも。

カウンセラーの渡辺さんは、10年も治療している女性から「不妊っていうのは辞書を引くと、妊娠できないことって書いてあった。世間では私達のことを不妊患者って言うけど、私達は妊娠できない人じゃなくて、治療をすれば妊娠できるかもしれない人なんだから、あの呼び方はおかしいですよね」と言われ最もだと納得したと話す。カウンセリングでは「子がなくても幸せ」とは決して言わない。諦めを示唆して突き放すことになるからだといい、やはり本人の人生の選択を尊重する。

同院の相談室では、養子縁組の情報提供もしていて多くの縁組ができている。院内には目につくところに実例を載せた院内誌や、時には交流会のポスターも貼られている。院内誌には、「夫婦二人で生きていくことにした」という体験談も掲載されている。通常、不妊治療施設では養子縁組の情報などは置いていないが、同院では親になる選択肢の一つとしてそれも情報提供しているのだという。しかし個別には具体的な情報は、患者側から言い出さない限り院側から強く提示しないようにしている。その理由はやはり、患者に「あなたには可能性がないから諦めたら」ととらえられかねないからだ。

一方で院長は「子がいない人が『それもいい』と言うなら助言になる」と、苦しむ人との共感の大事さを述べる。金子教授は「院長は患者の気持ちに寄り添い応援している」と高く評価しつつ、宗教者の立場については、「仏教で言う布施、愛語、利行、同事（同じ立場で行動すること）の四摂事、キリスト教の隣人愛のように、現場で積極的に人々に共感共苦し合える人間関係の中に入っていくこと」を重視するのと同時に、「大きな観点から発言する」ことの大事さを説く。

「確かに子のいない宗教者が実体験に基づいて語ってこそ説得力があるでしょう。しかし子がいるいないにかかわらず、宗教者がこの世の幸不幸から自由な境地に生きて語るならば、相手に子のあるなし自体を相対化して受け止めてもらえるでしょう」。そのためには、この世の苦や不条理を契機として「人々に対していかに人間を超えた存在、つまり神仏へと縁を結んでもらえるかにかかっています」と付け加える。宗教界が原則論ばかり発信して来た姿勢を改め、「もっと臨床現場に目配りしながら発言すべきです」とも。

減胎手術

根津院長の取り組みの中でも減胎手術は、「命を残すための施術」という院長の考えがあっても、いのちを選別し奪うという意味で大きな論議を呼ぶ。院長の説明によると、双胎やそれ以上の多胎となった場合に、より安全な出産のため数を減らす。自然妊娠でも起こるが、多くは不妊治療の排卵誘発剤の副作用や、体外受精の際に受精卵を数個戻したことで起こる。近年は、子宮に戻す受精卵の数が原則1個に制限されたため体外受精による多胎は減ったものの、いまだに排卵誘発剤による自然妊娠で双胎以上の多胎の例は多いという。

院長は1986年、4胎で夫婦が「とても育てられない」というケースで、胎児2人を中絶するかたちで初めて実施、社会に大きな衝撃を広げた。産婦人科の団体からも厳しい批判が出たが、その後も継続し、これまでに1228例に上る（注：2020年5月末までに1375件）。現在は薬剤を胎児に注入して心停止させる手法が用いられる。

院長が敢えて踏み切った動機に挙げる過去の症例がある。多胎は全部産むか全て中絶するかの二者択一だった三十数年前、自分が不妊治療をした女性が4胎となったが、「せっかく授かったから」と全児出産を強く勧めた。妊娠中、母体は多胎のために非常に危険な状態となって入院、膨れ上がった腹から手足が突き出るかのような状態で、管に繋がれ絶対安静で過ごした。出産は大学病院に託したが、4人とも早期未熟児で生まれ、うち一人は脳性小児まひを伴った。明らかに多胎が原因だったという。

「ここまで多胎妊娠が危険なものだとは……」。当時、〃5つ子ちゃんブーム〃に沸いていた日本でも、多胎の危険性の情報はほとんどなかった。「自分が妊娠継続を強く勧めたことで、母子ともに皆が命を落としていたかもしれない」。院長はそんな「強い自責の念にかられ、減胎を考えるようになった」という。この例ではその後、両親が「この子を中心に他の3人の子が助け合いながら育っています」と感謝の便りを寄せたという。

減胎を続ける意図を院長は「当初は数を減らし安全に生まれてくることが目的。障害の有無ではなく、胎内で手術の安全性が高い位置かどうかで選んだ」と述懐する。そして、現在は「淘汰されてしまう可能性のある子を残すことにならないためにも、初期の流産確率もぐっと減る11週の適切な時期に、流産のリスクが少なくなってからの施術が望ましい」と。一方、出生前診断技術の向上で胎児の染色体異常や形態異常が早期に分かるようになっている。

患者の選択、意思に基づく胎児の〝選別基準〟への批判に対して院長は、「『どちらにしても悲しいけど、元気な子を残して』という人がほとんどです。また、異常のある子は流産や死産率も上がります。犠牲になってしまう命があるからこそ、元気に生まれてきてほしいと強く願っていることは事実です」と語る。

親の都合といのちの選別

障がいのある子を産むことについては、「その子を育てる事の意義も、自分がその身になって初めて言うのは疑問。産む前からそう考えていたのか、『私が産んだからあなたも』と言うのもいかがなものか」とも言う。だが「これを〝本音〟や現実論とするのは間違いだ」と指摘する意見も目立つ。現に、障がい児のいる多くの家庭は幸福感を持って生活しているからだ。

一方で院長は「皆が障害があっても生き生きと人生を歩める社会ならまだしも、今の日本はそうではない。高齢不妊で治療により妊娠した人も障害が分かると、自分たちがすぐ老いるので、この子の人生

「不二身の塔」は根津院長(右)の思いを象徴するかのようだ

の面倒を責任を持って見ることができないと思う人も多い。安心して産めばいい、社会がみんなであたたかく育てる、自立もできる、親は何の心配もしないでいい、障害児を産んでなんて責められることもない、という社会なら、また選択も違ってくるでしょう」と語る。同院では障がい児を育てる親のケアなどにも力を入れている。

この選別の問題について、島薗教授は「目前の患者の望みに最善を尽くす院長の姿勢は、いのちを尊ぶ医師として妥当な場合もあるが、生まれて来るべき子供もまた『目の前のいのち』であり、双方への配慮が必要だ」と指摘する。「もちろん、まだもの言わぬ胎児よりも意識を持った親の意思を尊ぶのはやむを得ない場合があるが、それは全面的に正当なわけではない」と。減胎は「生まれない方がよい子を選ぶという行為を含むことへの自覚が必要です。人間にはやむを得ず犯す〝悪〟もあるが、いのちを排除することへの痛みを忘れるべきではない。認めにくいことであり、宗教的な立場からはなおさらだ」と強調した。

上の子がダウン症の母親が双胎妊娠し、羊水検査で片方がまたダウン症と判明した例で、院長は「上の子のことはとても大切だが、今回双子でしかも片方に同じ障害がある育児は、大変さを知っているからこそ自分にはできない。どうか減胎してください」という親の訴えを聞き、障がいのある胎児の減胎を行った。「断ったら、全胎児が中絶されてしまうと思ったから」と説明する。

「苦渋の決断の事情は理解できる」とする金子教授は、だが「健常な胎児を残す」が一般的選別基準となることについては慎重に考察する。「胎児の生命を親の都合で軽視するのは許されない」との原則は堅持しながら、身銭を切ってサポートするか、代わりに育ててくれるのか」と院長がいうような実際の苦悩の現場には原則だけでは通じないという危惧を持つからだ。その上でどう対応すべきかには、院長の生命観も関わってくる。

「不二身の塔」に込めた思い

クリニックの外壁に書かれた「いのちの泉」という標語に「宗教みたいかな」と照れ笑いを見せる根津院長は、「いのちの尊厳」に無頓着ではないからこそ自らのやり方に責任を持つと言う。病院から車で高速道路を40分ほど走った長野県富士見町の八ヶ岳の裾野に、院長の生命観と取り組みでの苦悩とを物語る「不二身の塔」がある。同院関係の立派な保養施設が並び、富士山も見晴らす広大な敷地の奥、カラマツ林や豊かな自然に囲まれた場所に、ミズバショウの花のイメージでデザインした高さ3メートルほどの石造りのアーチ形モニュメントが立つ。

傍らの碑に刻まれた「生を受けられることなく去って逝かれた生命　生を受けられて後、去って逝か

れた生命　やがて生まれ出づる生命……いずれも二つとない不二身の生命であります」の自筆銘を読み上げる院長は、「ご両親にも『どの命も皆、あなたたちの間に誕生した子供の命なんだよ』と言います。何より重い神秘的な命にこうべを垂れる場です」と付け加えた。「供養」とも「慰霊」とも言わないが案内チラシには「宗教の枠を超え生命への祈りを捧げる」とある。

生殖医療を巡り宗教者と議論する際、院長は「間違っていると言うなら、医師がどうやって患者を助けるのか。上から教義を押し付けて苦の現実を見ない宗教者は嫌いだ」と口に出すこともある。だが自宅には仏壇があり「先祖や両親は死しても私の心の中に生きており、同様に、中絶や減胎手術を受けた胎児も親の心に生き続けると思います」と語る。

同院では体外受精などで卵子や精子、受精卵を扱う培養士のスタッフが必ず患者本人に面会する。それらを生命の始まりだと院長は考える。「そうでないとラボの中でモノと見てしまう。顔を浮かべて仕事をすれば涙が出ることもあるのです」。日常的に出産に接する産科医として「素晴らしい人間の体、命は人智を超えたものが設計したとしか考えられない」と述べる。

そんな考えから根津院長は不妊で来院する患者に「あなたが悪いのではなく、神が与えてくれたテーマなのです。だから一緒に頑張りましょう」と話す。「目の前の人に寄り添わない宗教者はだめ。宗教者は平時でものを考えるが私は戦時。中絶した人を責めるのではなく心を救うのが宗教でしょう。医師にはできない役目があるはず」と歯に衣を着せない。

この主張と論議を呼ぶ実際の生殖医療の実施との関係は見えにくい。金子教授は不二身の塔に象徴される院長の姿勢を「宗教的次元にまで踏み込んだ全人的医療の姿。寺院ビジネスになってしまった水子供養に比べて、塔に込められた思いは深い」と敬意も表する。

翻って宗教界の関わりについては、減胎手術に見られる問題点から「（生命や人間の体を傷付ける）複数の〝悪〟の選択肢から〝最小の悪〟を選ぶ緊急避難だが、それでも当事者は罪の意識で苦しむ。そういう不条理に直面した人の心魂の救いまで先回りした対応こそが宗教的生命倫理のあり方」という。そして、「慰霊というところから出発してこの世の不条理や生命のはかなさについて語り、そのような世だからこそ全身全霊をもって生命を大切にしていかねばならないと説くこと」と宗教者の役目を提示した。

不二身の塔に下げられた鐘を突き鳴らすと、澄んだ音が木々の梢に吸い込まれていった。根津院長が自らのためにこそ打つように見える鐘は、生殖医療の激変によっていのちが揺らぐことへの警鐘にも聞こえた。

6　望まぬ妊娠に

こうのとりのゆりかご

熊本市西区にある慈恵病院は市街地でも閑静な場所に立地し、本館と道路を挟んでアーチ形窓が瀟洒なホテル風の「マリア館」が建つ。笑顔で乳児を抱いた母親や妊婦が出入りし、すぐ前の幼稚園からは子供の元気な声が聞こえる。その館の端のピンクの看板を目印に裏へ回るレンガ敷きの細い通路を進むと、「こうのとりのゆりかご」がある。カトリックの慈愛精神を理念とする同病院が、望まぬ妊娠や事情があって育てられない女性による新生児遺棄や中絶を防ごうと2007年5月に設けた、赤ん坊を預ける窓口だ。隣接する建物から見えないように高い植え込みがあり、通路にも窓口横にも「まずは相談して下さい」と電話番号を示した目立つ案内板が掲げられている。重い苦しい気持ちを抱えた母親がこれまでに何人、ここを訪れたのか。実際に子供を預けたのは2016年度までに計130人だ（注：19年3月までに144人）。

「こうのとりのゆりかご」への通路は病院の裏へ通じる（慈恵病院で）

　2羽のコウノトリが乳児の眠るかごを捧げる絵が描かれた木製扉の内部には、長さ1メートルほどの保温付きのベッドが置かれ、常時二十数度に温度管理された部屋には体調チェックの機器や緊急時に備えた蘇生装置がある。乳児が入れられると院内に知らせるアラームは毎日3回、作動をテストする。

　以前、当直時に大きなアラーム音で駆けつけた竹部智子看護部長（49）は、赤ん坊が元気なのを確認できると、「命が助かってよかった」と安堵した。深夜に窓口の前で乳児を抱えて茫然とする若い母親もいた。「悩みに悩んだ末に来られるのだから、何とか支えてあげたいと思います」。

「預けることの是非の論議よりも、目の前の命を救うことがまず先決」との考えでゆりかごを設置した蓮田太二・同病院理事長（81）も同じだ。「寄る辺ない赤ちゃん、苦しむお母さんに寄り添うのが私たちの務めです」という思いは、そのまま訪れる母親への手紙のメッセージとして窓口内に置かれている。

　クリスチャンである蓮田理事長は、赤ん坊を預ける母親を決して咎めない。世間から「罪びと」と指弾される人をもイエスは赦し、愛を持って接したとの聖書『ヨハネによる福音書』の教えに共鳴するからだ。「子捨てを助長するのではないか」という非難には、預託が決して経年で増加していない事実を示して反論する。預託は開設当初20～10台後半の人数だったが、2016年度は5人と最少だった（18

育てられない赤ん坊のいのちを救うための「こうのとりのゆりかご」（中央右の扉、熊本市の慈恵病院で）

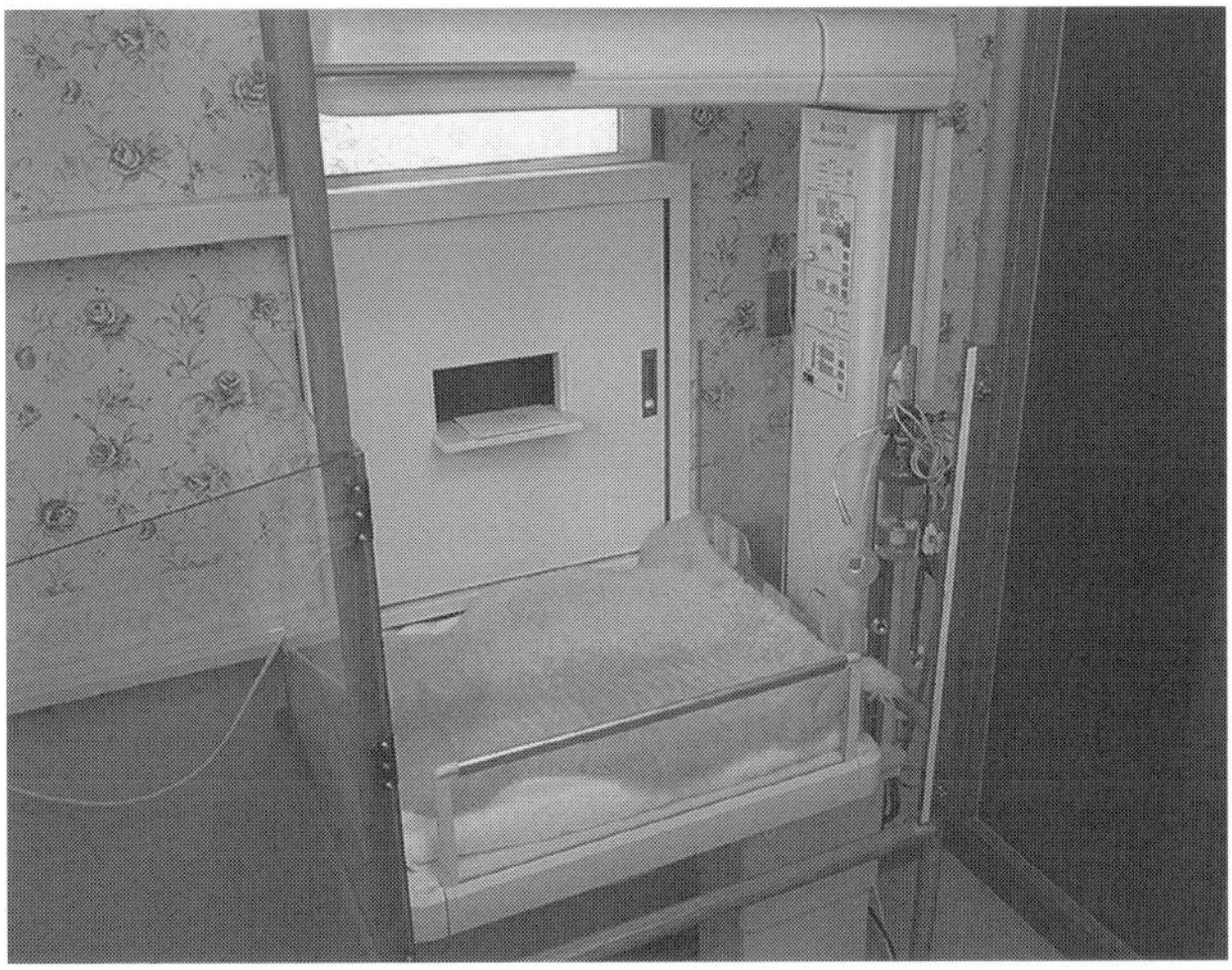

内側から見た「こうのとりのゆりかご」。内部は温度調整などが行き届いている

年度も7人)。

「ゆりかごがあるから増えるなどということはないのです」と理事長は車いすから身を乗り出して力説する。そして、判明した預け入れ理由の中で「生活困窮」が累計32件で最多(その後も同様)であることを示し、「安心して子供が産めない社会のままで、母親だけを責めるのは間違い。捨てられそうな赤ん坊がいるのに何もしないのは、虐待で亡くなるのを見過ごすのと同じです」と強く訴える。

各地で毎年、公園などに数十人の新生児が遺棄され、多くが死亡する。国の社会保障審議会児童部会のまとめでは、14年度の虐待による18歳未満児の死亡事例44人のうち0歳児が27人と6割に上った。これを防止するために注意すべきこととして、同部会は「生活上に困難を抱える」「孤立している」といった親の生活環境の留意点を挙げる。

ゆりかごに預けられた乳児の中には、公的支援の説明などによって親にまた引き取られる子もいる。だが匿名重視のため親元が判明しないケースは2割近くに上り、その場合は児童相談所を通じて養護施設の他、里親や養子縁組で引き取られる。理事長は「全ての子が幸せになっているわけではないが、ゆりかごがなければ遺棄されたかも知れない」と複雑な表情だ。

「こうのとりのゆりかご」窓口の前である夜、扉を見つめたままその場に立ちすくむ10代と見られる少女がいた。赤ん坊を預けた直後に激しい動揺で押しつぶされそうになっている。傍のドアから職員が出て少女を保護し、当時看護部長だった田尻貴子(67)さんが近くの自宅から駆けつけて面談した。関西の高校生で妊娠を罪の意識から誰にも言えず、自宅で親の留守中に出産した。産後の医療処置もなく母子の体の危険も予想される。「遠くからよく来てくれたね。赤ちゃんの命を助けてくれてありがとう」。田尻さんは泣きじゃくる少女を抱きしめた。

田尻さんは今、「家庭の力が弱まった」と感じる。「自分が愛情を受けて育っていない親が子供を愛せないという〝連鎖〟もあります。娘が一人で妊娠出産したのに親が気付かないなんて」。他方、預けに来る10代女性も、シングルマザーで困難を抱えている例もある。

「ゆりかご」はただ乳児を預ける「ポスト」ではなく、追い詰められた母子をぎりぎりで救うセーフティネットだと、同病院の蓮田理事長は強調する。だが様々なケースがある。へその緒がついたまま産着もなく母親のセーターにくるまれた嬰児がいた。「よほど切羽詰まった苦しい思いでしょう」と理事長。障がいのある乳児の例では、後悔して電話して来た母親が「お金がないので育てられない」と言う。公的な支えを紹介すると、わが子を引き取りに来た。出生前診断で胎児の障がいを告げられ、悲観して鬱状態で預けに来た母もいた。障がいを理由に預託されることには別の重要な問題点もある。

慈恵病院を訪れる妊婦たちを聖母マリア像が見守る

「何を置いても神から授かった命を守らねば」と蓮田理事長が繰り返す姿勢はキリスト教の信仰に裏打ちされている。産婦人科医として3万人以上を取り上げ、厳しい症例に何度も向き合った。大出血で母子の命が危ない中、子宮摘出の難手術をしながら思わず神に祈る。文字通り懸命の処置の末、救命に成功した。病院へ就任した当初は縁遠かったキリスト教の教えが身に沁み込み、62歳で洗礼を受けた。慈愛を持って仕事ができるよう、病院4階の小聖堂で朝夕に祈る。

忘れられない出来事がある。２０１４年10月、ゆりかごに男の嬰児の遺体が入れられているのが見つかった。外傷はないが腐乱が始まっており、職員たちは虐待ではないかと激しいショックを受けた。母親（当時31歳）が判明し、死体遺棄容疑で逮捕される。だが、裁判で明らかになった事実に理事長も田尻さんも胸がふさがった。母親は育てるつもりで自宅で出産したが赤ん坊は息をしていなかった。「10か月も自分のお腹で大切に育てた子。かわいそうで、ゆりかごならきちんと供養してくれると思った」と母親は供述する。元々聴覚に重い障がいがあり、学校時代から周囲に疎外され誰にも頼れず孤立した人生を送って来た。ようやく就職した先がつぶれ、身籠らせた男性は連絡が取れなくなった。医療保険もない。

法廷で容疑の意味ものみ込めないまま手錠に捕縄をかけられて俯く母親の姿を見た理事長は、嗚咽を堪えきれなかった。「大変な苦難なのに」。裁判所に情状酌量嘆願書を出し、第２回公判で裁判長は「遺体への思いやりが相応に感じられる」と執行猶予付き判決を言い渡した。

その後も寄る辺ないその女性に、理事長の計らいで田尻さんが仕事探しを支援した。どこまでが病院の仕事なのか。この事件の話をするたびに涙を浮かべる蓮田理事長は「社会の縮図が見えます。目の前に困っている人がいるから助けるのです」と話す。

蓮田理事長は「ゆりかご」の運営の一方で、「実態を見ると男女、特に男性に倫理観や責任感が欠如している」と嘆く。性教育も避妊技術より前に、「いのち」の重みをまず教えるべきだと。２０１５年に定年退職するまで長く看護部長としてゆりかごを担当して来た田尻さんも同じ考えだ。各地の中学高校の招きで、生徒に録音した胎児の心音を聞かせ、赤ん坊と同じ重さの人形を抱いて考えさせる講演を続けている。

田尻さんの仕事の原点は40代の時、仏教系大学の社会福祉学部で児童養護施設の実習に行き、子供２

人を両手に抱いて眠ったことだった。崩壊家庭で愛情に飢えた子らが愛しく、「連れて帰りたい」とまで思うと同時に、子供をそんな目に遭わせないようにと考えた。

幼い頃、祖母によく真宗の寺に連れて行かれた。10代にキリスト教と出会い、カトリック系の慈恵病院の看護学校に進んだ。仏教婦人会で活動する傍ら日曜学校で聖書を学び、今は「真宗もキリスト教も、慈悲も愛も本質は同じだと思います」。昔は住職が地域の相談役であり、寺に子供も預けられた。家庭の力が弱まり、こんな世の中だからこそ、「お坊さんにも頑張ってほしい」と願う。講演をするたびに、「全てのいのちが育まれていくためには大人が行動しなくてはいけません。例えば相談に乗るなど」と社会に訴えかける。

田尻さんが「ゆりかご」で担当した中には、預けた親に赤ん坊が戻された例もある。窓口で立ち止まり話をしたそうな母もいるし、しばらくして電話や手紙で引き取りたいと伝えて来る人も。「後悔するのと、来た時はパニックだけど落ち着いたら赤ちゃんが愛しくなるからです」。だが窓口の扉は安全のため、いったん預けると外からは開かない構造になっている。行政との取り決め上、その後は児童相談所の管轄となり問題がないか確認後でないと戻せない。預ける事情は様々で、申し出た実親に引き渡した後に母子心中した例もあったからだ。

だからこそ事前の匿名相談が重要、と田尻さんは強調する。ゆりかご窓口をはじめ院内各所に「あなたの悩みを聞きます」という案内板があり、配布用カードやインターネットでも相談先をアピールしている。当初は年間500件ほどだった相談は、メディアの紹介などもあって6000件を超える。

電話では例えば、17歳の女子高生の消え入るような声に田尻さんが「彼も高校生なの？」と優しく応える。貧しくて一度も産科を受診できないまま臨月を迎えた女性もいた。母子手帳がないと通常の病院では受け付けないため、慈恵病院に来院を促す。

貧困や人間関係のもつれ、未熟さ。望まぬ妊娠や出産困難の理由は「まさに社会問題そのものです」と田尻さん。「だから子産み子育てが喜ばしい世の中に変えないと」とも指摘する。妊娠に特化した相談窓口は全国に20か所程度しかない。厚生労働省は産院に専門相談員を配置する事業をやっと決めた。

慈恵病院では相談の結果、ゆりかごと同様に秘密を守って安全に出産してもらうケースがある。「これも、あってはならない中絶や遺棄の防止です」と蓮田理事長は説明する。そうして同病院で誕生した赤ん坊は、養護施設や様々な支援団体を通じて里親に委ねられる。里子ではなく生まれてすぐにも実子として別の女性に引き継がれるのが特別養子縁組制度だ。この「いのちのリレー」は同院で既に270件に上る（注：2020年春までに計341件。その後、同病院が直接に特別養子縁組の斡旋をする事業も始めた）。

特別養子縁組

産着の袖口から出た小さな手に、自分の手がかばうように重なる。関東在住の学校教師栄子さん（仮名）（46）は、2012年に生まれて間もない長男ティム君（同）を慈恵病院で初めて抱いた時の写真を、今も大事にスマホに入れている。同院での特別養子縁組で、事情で育てられない生みの母から引き受けた。家庭裁判所の審査などを経て、戸籍上も完全に母親だ。

望まない妊娠などで相談を寄せた女性が同病院で内密に出産すると、直後に子供のいない希望家庭に引き渡す、民法817条に基づく制度。双方の母親にしっかりカウンセリングし、即日の場合は、産声を上げた赤ん坊を生母と同様に産衣を着た養母に渡す、まさに「いのちのリレー」だ。

国際結婚した栄子さんは不妊治療を続けても子供ができず、40歳を前にすがる思いの末に同病院とNPOが運営する縁組制度にたどり着いた。夫婦で養親となるための研修を受け、待機すること半年余りで「大きな男の子が生まれました」と連絡が入った。夫と話し合い、「大丈夫。親になれるよ」の言葉にすぐに新幹線で熊本に駆けつけた。近くの店で産着やおしめを揃え、妊婦室で待つと、考える間もなく看護師から男児を渡され抱きしめた。3600グラムの重さ。嬉しさが込み上げる。だが、もし生みの母が心変わりしたらなどと不安もよぎり、「どこかで喜びにブレーキがかかっていました」。

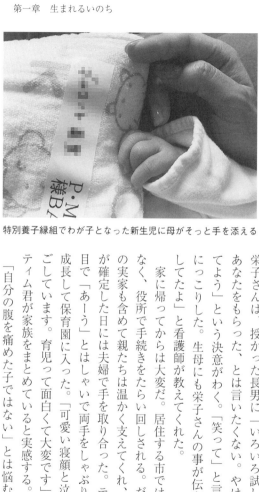

生母は帝王切開でまだ入院中。両親が離婚し高校中退後にアルバイト暮らし、妊娠後は相手と別れたと後に知った。年齢は18歳という。「私の娘でもおかしくない年ごろ。何かの感情よりも不思議に『縁だなあ』という気持ちでした」。「自分の子」が欲しいのではなく「人間を育てたい」。そう考えていた栄子さんは、授かった長男に「いろいろ試してだめだったからあなたをもらった、とは言いたくない。やはり縁。しっかり育てよう」という決意がわく。「笑って」と言うと、ティム君はにっこりした。生母にも栄子さんの事が伝えられた。「涙を流してたよ」と看護師が教えてくれた。

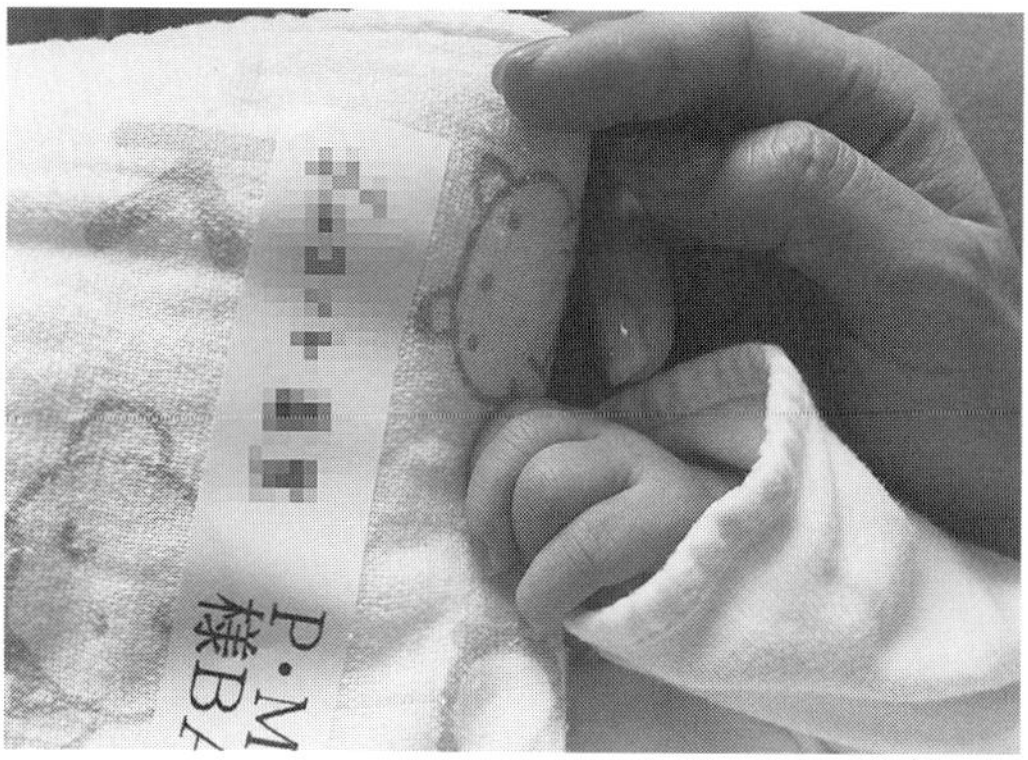
特別養子縁組でわが子となった新生児に母がそっと手を添える

家に帰ってからは大変だ。居住する市では特別養子の前例がなく、役所で手続きをたらい回しされる。だが夫のヨーロッパの実家も含めて親たちは温かく支えてくれ、家裁の審判で戸籍が確定した日には夫婦で手を取り合った。ティム君は100日目で「あーう」とはしゃいで両手をしゃぶり、その後も元気に成長して保育園に入った。「可愛い寝顔と泣き顔を見ながら過ごしています。育児って面白くて大変です」と言う栄子さんは、ティム君が家族をまとめていると実感する。

「自分の腹を痛めた子ではない」とは悩むことはない。幼児検診などの際に遺伝的な問題が不安にならなくはないが、「障がいがないという条件で迎えたのじゃないのは、自分で産む場合と同じです」ときっぱり話す。いずれ迎える出自の告知の問題でも、本人が疑問を持ったら素直に聞けるような親子関係にしたいという。

実際、以前に「僕は誰から生まれたの？」と車の中で尋ねてきた。「マミーのお腹じゃないよ。マミーとダディーがティムに逢いたいと願ったから出会ったのよ」と返した。息子がどんな表情だったかは運転中で見ていない。

栄子さんは「縁」を強く感じる。中学高校とカトリックの女子校で学び、人の力より大きな何かがあると思う。悩み続けた時、慈恵病院に赴き入口のマリア像を見て、「たどり着けた」と感じたという。苦しんでいる人に寄り添う心、期待していたそれがそこにあった。

広がる支援「小さないのちのドア」

望まぬ妊娠や出産などの悩みを24時間受け付け、母子を救う面談型相談施設「小さないのちのドア」が神戸市北区の「マナ助産院」に2018年開設された。半年近くで各地から200件近い様々な相談が寄せられ、医療機関につないで無事出産したり養子縁組の話が進んだりするなど、着実な成果が上がっている。同院の永原郁子院長（61）は、当初は匿名で新生児を預かる「こうのとりのゆりかご」の〝関西版〟創設の取り組みを進めていたが、医師常駐など行政との条件調整が難航したのと、「赤ちゃんだけでなく、困っている妊婦やお母さんのためにも」との思いから電話や面談で直接話を聞いて支援する形にした。

新興団地の一角、2階建てのクリーム色の建物に、母と赤ん坊を大きな掌が包み込むロゴマークが鮮やかだ。十字架も配されている。産院の部屋を応接用に改造して外からの専用入口も設置、永原院長ら助産師、保健師のスタッフ3人が交代で昼夜を問わず受け付けている。費用はクラウドファンディングで募集し、「いのちを救う」の趣旨に賛同して全国から多くの寄付が寄せられた。

メールやSNSも合わせて相談件数は最初の半年で計194件、うち来所は18件だった。スタートした日の未明に電話があったのを始め、時間帯は夕方から朝にかけてが6割。地元関西が7割近いが関東や東北など遠方もあった。妊婦、産婦がそれぞれ4割前後で、年齢層は20から30代が多いが、夜の相談では10代など若年ほど深刻でリスクの高いケースが目立つという。

妊娠に悩む女性を受け入れる「いのちのドア」と永原院長（神戸市北区で）

健康保険や母子手帳の有無は問わず、また費用のない人の訪問のために最寄り駅からのタクシー代も補助する。来所したらまず健康状態を診断して連携する産科医の受診を勧め、離婚やDV、子の認知問題を抱える女性には弁護士も紹介、遠方の場合は居住地の行政や医療機関につなぐ。産んだ子をどうしても育てられない場合は児童相談所や協力関係にある養子・里親縁組の団体に引き継ぐ。

ほとんどが思いがけぬ妊娠と未受診で、一人で自力出産した10代女性の例では、一緒に訪れた母親を「私たち大人が支えましょう」と説得し家族で養育することになった。トラブルを抱え周囲から中絶を迫られたケースでは、産み育てる選択のために制度を示し、「支えるよ」と励ました。

永原院長が新たな「ゆりかご」を作ろうと考えたのは、痛ましい事件がきっかけだった。産院開業17年目の

2010年、同区内で産んだばかりの乳児を道路の側溝に捨てたとして女子高生が逮捕された。繁華街でコインロッカーへの遺棄もあり、近年では近所でフェンスに吊り下げた紙袋に入れられた乳児が見つかった。いのちを取り上げる助産師として「救う手立てはなかったか」と胸を痛めた。多くの小中高校での性教育講義で、避妊より「いのちが生まれるんだよ。どうするか考えて」と教えて来た身として、「どこかの生徒ではないか」という思いがよぎる。「困ったらここに電話して」とカードを配って来た延長に「いのちのドア」がある。「産む前でも、中絶や捨てるしかないのではないよと伝え、とにかく赤ちゃんの命を救いたい」。

「子供が第一ですが、親に罪悪感を与えないのも大事。ここへ来て休んでもらうだけでも安心する母子がいます。人の温かみを伝えるのが私たちの役目で、困っている人がいたら助け、互いにつながれるように祈っています。養子縁組でも実親と養親とがコンタクトを取れるような環境を作り、赤ちゃんと三者が幸せになれれば」。来院者向けの育児書や可愛い人形が並ぶ部屋でそう目を輝かせる院長はプロテスタント信徒で、以前からカトリック系の「生命尊重センター」の活動にも共鳴していた。1982年に来日したマザー・テレサが「日本は美しい国だが、中絶が多く心の貧しい国」と嘆いたのを契機とした運動で、当時国内ではなお年間60万人の胎児の命が奪われていた。

助産師としてこれまでに2千人以上の誕生に立ち会った。「どんな生も等しく重い。人間を役に立たない、不都合だと排除するのは大間違い」といのちを説く。幼時から教会学校に通ったが、洗礼を受けたのは結婚後の25歳で家庭問題で悩んだ際。母の口癖だった「神さん見とってやで」が、「頼るべき偉大なものがある」という実感となった。そして今、「神が母親のお腹に送って下さるのだから生まれる前でも0歳でも尊いいのち」と力説する。近くの教会で毎週日曜の礼拝を欠かさない。産院でも聖書の会を開いており、かつて取り上げた多くの女性がそこに集い、また出産で院を訪れるのが無上の喜びだ。

7　鐘の鳴る丘　天使の宿

先駆者の試み　ラジオドラマを現実に

♪緑の丘の赤い屋根　とんがり帽子の時計台　鐘が鳴りますキンコンカン……。

多くの人が知るこのラジオドラマの主題歌「鐘の鳴る丘―とんがり帽子」（菊田一夫作詞・古関裕而作曲）で思い浮かぶのと同じ赤い屋根の建物が、前橋市郊外の赤城山麓にある。戦後間もない時期に戦災孤児保護から始まった児童養護施設「鐘の鳴る丘少年の家」だ。今から30年ほど前ここに、育てられない赤ん坊を預ける施設があった。当時関わった成相八千代さん（89）によると、「こうのとりのゆりかご」の先駆のようなその「天使の宿」は１９８６年に設けられ、６年間に10人ほどが預託された。長く同施設にボランティアに来ていた成相さんは、長い白髪をお下げに編んだ頭に手をやり「職員は子供の世話に献身的でした」と振り返る。

施設創設者の品川博氏（99年死去）が経済の混乱で消費者金融被害が社会問題になった70年代後半、各地で相次ぐ母子心中に心を痛め、施設に「駆け込み寺」の建物を併設した。２００人近い親子が、相互扶助の「わらの会」を作って暮らしていたが、「ある日、へその緒がついたままの赤ちゃんが段ボール箱に入れられて置かれていたのです」。

衝撃を受けた品川氏が６畳ほどのプレハブ建物を設置したのが「天使の宿」。無施錠の扉を開けるとベッドがあり、乳児を預けて電灯をつけると近くの職員が駆け付けた。「よろしくお願いします」との手紙があったり電話をかけて来る母親もいた。行政などから何の補助もない中、「預かった以上、責任を持って育てる」との品川氏の基本理念で子供たちはわらの会の親子らと暮らし、学校にも行った。

「幾人も一度に風呂に入れるなど大変でした」と成相さん。

92年2月、預けられた新生児が低温で凍死していたという事故を契機に宿は閉鎖された。1年以上も預託がなく、係員の見回り回数を減らしていた事情があった。だが、子らが成長して巣立つまで何人かと一緒に暮らした成相さんは「子供同士の信頼関係が素晴らしい。『お母さんってどんな人かな』と話し合っていることもありました」と話す。

スポーツに打ち込みながら学資がなく高校を断念して挫折したり、男女関係でつまずき「私なんか生まれてこなければ良かった」と言ったりする子供もいるが、その後多くはしっかり生きて社会人になり、「自分が助けられたように、人助けの仕事がしたい」と消防士を目指した男性もいる。人それぞれの人生なので成相さんは多くを語らないが、例えば中学卒業まで育てた男性らからも電話があり、誕生日や母の日にプレゼントが届く、と表情をほころばせた。

どんな子にも「あなたはどう思うの？」と自主性を尊重して接して来た成相さんは「子供はしっかり育つ種を神様から入れてもらっているのだから、大人は見守るのが大事」と力を込める。「信者かどうか……」とは言いながら、人間は自由、平等、愛を基本に存在するという聖書の教えに深く共鳴するという。

以前勤務したキリスト教系福祉施設で礼拝の時に「愛は根っこだ。机上で学ぶものではなく、愛という行為を届けられて初めて学ぶものだ」と教えられたのが今も信念になっている。キリスト教と仏教の両方に共鳴してその博愛精神で施設を運営し福祉の「先進的推進者」と広く知られる品川氏にも、成相さんは「いのち」について学んだ。障がい児を育てかねて親子心中を図る事件のほとんどが「情状酌量」されていた当時、あるケースで母親が有罪となったことに疑問を挟むと、品川氏の言葉に一喝され、はっとしたという。「命はその人のもの。他人のものじゃない」と。

鐘の鳴る丘少年の家では、今も正午に「♪緑の丘の赤い屋根……」のメロディが流れる。子供たちの世話を続けた成相さんが1972年にボランティアでここへ来たのは、大ヒットしたラジオドラマ「鐘の鳴る丘」に憧れてだった。戦災孤児らの成長を描くそのドラマが現実の施設をモデルにしたのではなく、創設者の品川氏がドラマを励みに「家」を作ったということは意外に知られていないと、現在の木村智彦園長（63）は言う。

赤い屋根の時計台からは、今もあのメロディーが流れる（前橋市で）

品川氏は戦地から復員した直後、上野駅で悲惨な生活を送る戦災孤児に接し、「戦争で拾った命を捧げよう」と発心して〝浮浪児〟と蔑まれた子らと暮らした。家族のように行動を共にした5人の男児らと、一緒に靴磨きなどをしながら資金を貯め、故郷に近い前橋の丘陵を開墾して文字通り手作りで8畳2間の「家」を建てたのが1948年だった。

一方ドラマの方は、米国で「少年の町」という福祉事業をしていたカトリック教会のジョセフ・フラナガン神父が47年にGHQの招きで来日し孤児救済策を助言したのがきっかけ。GHQは国民に民主主義精神と救済の機運を広めるためにNHKに指示し、菊田一夫氏の脚本によるドラマが始まった。復員青年が孤児たちを献身的に世話し苦労を共に自分たちの家を建てる物語は、貧しかった時代に大きな反響と共感を呼び、50年まで790回放送された。後には映画化もされた。

品川氏は子供らと奮闘した時期にラジオ放送を聴き、「主人公のモデルに教えを乞いたい」と菊田氏を尋ねる。そこで「これは架空の話です。あなたがそれを現実にして下さい」と逆に励まされ、決意を固めた。施設名はフラナガン神父にならい、そのキリスト教精神の愛と誠実を理念としたと木村園長は説明する。ただ、聖書講読なども取り入れた品川氏が洗礼を受けたかどうかは定かでない。

他方、施設建設には知人の寺院住職の絶大な支援があった。品川氏は敷地内に観音像を何体も建立して礼拝し心の支えとしていたという。「信仰は人間を強くする」と著すように宗教の違いを超えた信心を持ち、50年前に定めた「子供達への訓」には「神様は見ている」と掲げている。園長は、そのような信念から「どんな子も受け入れるのです」と語った品川氏の心は「今も引き継がれています」と強調する。

品川氏に魅かれ、自らの信仰心に基づき20年以上ほとんど無報酬で尽くした成相さんを、木村園長は「マザー・テレサのよう」と表現する。その成相さんは、品川氏の原点は「食い物くれ」「銀シャリ（白飯）持って来い」とせがむ浮浪児たちに寄り添い救うことだったと証言する。インド・コルカタの聖マザー・テレサが路上で貧しい瀕死の病人のあえぎを「私は渇く」とイエスが十字架で発した救済の原点となる言葉として聴き取り、スラムでの活動に入ったのと共通する。そう指摘すると、成相さんは大きくうなずいた。イエスが浮浪児になって神の声を伝えたのだと。

「少年の家」では創立記念日に話される品川氏の物語が、子供らに「すごい事をしたんだ」と伝わる。赤い屋根の見える自然豊かな丘でのびのび遊ぶ少年たちは、孤児からその後は崩壊家庭の児童に入れ替わり、現在は被虐待児がほとんどだ。２０１７年1月の未明、同市の児童相談所の玄関前にへその緒がついたままの新生児が置かれていた。品川氏の取り組みが物語るように、問題は乳児の遺棄防止に留まらず、その救済から養育までを社会がどう受け止めるかに広がる。

子の預託　広がる論議

慈恵病院のこうのとりのゆりかごに預けられ、施設を経て養子に行った子供が親の愛情を試すように反抗がひどくなった。蓮田理事長はその家を訪問し両親を諭した。「息ができないくらい抱きしめてあげて」と。何より家庭の愛情が大事だと信じるからだ。ゆりかご開設直後に親族に「かくれんぼだ」と騙され扉に入らされた3歳男児がいた。「捨てられた」という記憶が鮮明に残るが、里親や周囲の支えで大事に育てられた。明るく成長し、育て親に連れられて慈恵病院に来た少年は「助けてくれてありがとう」と理事長に告げた。

ゆりかごに預託された後にどのように養育するかが、開設から10年以上を経て課題になっており、それを契機に「棄児」など小さないのちを社会がどう受け止めるかの論議が広がっている。放置すれば遺棄されるような赤ん坊の生命を救う取り組みだが、出生の経緯を知らないまま育つことについて「体は救えても心は救えていないのでは」という関係者もいる。

児童養護施設に「天使の宿」を設置した品川氏は「子供は親からお預かりしているのであって捨てられたのではない。預かった以上、その子の面倒を一生見る覚悟だ」が持論だった。当初の戦災孤児には「品川」姓を名乗らせるほどで、教育者としての理念から、乳児院など他の施設や養子・里親よりも「家族としてここで育てる」という姿勢を重視した。

これに対し慈恵病院で、当面の医療的救命を目的としたゆりかごを看護部長として担当した田尻さんは「救われたいのちのその後に制度上、私たちは関われない。他にもできることがあるのに」と残念がる。養子や里親への斡旋に力を入れているものの、ゆりかごがモデルとした「ベビークラッペ」（赤ちゃんの扉）のあるドイツなど外国では養育まで連続していることに比べ、法制上は病院から離れた後のケアが社会的に仕組みとして確立されていない。学会などでゆりかごを取り上げた研究者からはその問題を指摘する声も出ている。生育期に親の愛情が不足することによる「愛着障害」の問題も。天使の宿に携わった成相さんは「愛情をもって育てられなかった人は自分の子も愛しにくい」と語る一方で養子・里親が必ず良いとは限らないという。施設に養子の相談に来て「いい子がほしい」と言う人がいる。「子のない人のためじゃなくて子供のための制度なのに。養育がしっかりできない人もいる」と。そのような大人への対処について、そして「子捨て助長」の非難や障がい児が預託される現実については「それは（ゆりかごの問題というよりも）社会の教育の問題です」と力説する。

養育過程で子供に出自を知らせるかどうかも論議になる。ドイツでは出自を知る子の権利を保障するため、2009年に政府諮問機関が匿名での預託制度の廃止を勧告。代わって、母親が公的な妊娠相談機関にだけ実名を告げ、病院では仮名で産む「内密出産」が進められている。子供は養子縁組で育てられると、16歳になれば政府に生みの親の身元開示を求めることができる制度だ。

同様に養子縁組を進める蓮田理事長は「子供が疑問を持ったら『実の親は別にいるけど本当の親は私だよ』と、年齢に応じて分かりやすく話すべきです。なるべく早く」と言う。幼時に告知されて明るく育った例をたくさん見ている。10代の妊婦から九州の養親に引き取られた男児は、5歳までに家庭で出自を優しく教えられた。その両親と謝礼に同病院を訪れた際、生母への伝言を告げた。「産んでくれてありがとうって言っといて」。

「ゆりかご」のように実母が育てられない新生児を預託する「ベビー・ボックス」をテーマにした国際シンポジウムが2018年4月、国内で初めて熊本市民会館で開かれた。11か国から200人近くが参加し、各国の現況が詳しく報告された。

ベビークラッペが100か所近くもあるドイツから、その一つのキリスト教系団体「アガペの家」の

G・フリーデリケさんが、2003年から計20人を預かり養子縁組したことを紹介。「何よりも赤ちゃんが救われることが大事。引き取った家族にも良い影響がある」と述べ、その後にトラウマを抱える子供のケアもしていることを説明した。中絶や遺棄を防ぐために、ボックスへの預託に加えて内密出産制度の重要性も指摘した。

他にもポーランドの「命の窓」やロシアの「希望のゆりかご」などでは教会や宗教団体が運営に協力しており、中国では政府機関が主導する。自らが捨て子だった女性が「赤ちゃん安全避難所」を設立したアメリカ、福祉団体が運営するインドなど多様な形が示された。どの国も背景に母親の社会的孤立や貧困があり、障がい児が預けられるという問題点も出された。新生児保護に伴う医療との協力関係、養育過程での教育の補償などが課題とされ、スイスの「ベビーウィンドウ」などが社会と行政の理解の重要性を強く訴えた。

だが、「すべての子供に生きる権利がある」とフリーデリケさんが強調したように、「どんなに預託が減っても、たった1人の子供でも救えるなら継続の価値がある」（ラトビア代表）との言葉がいのちへの思いと活動への使命感を象徴していた。

その後の兵庫県でのシンポジウムでは、乳児を遺棄した関西の母親が「ゆりかごの存在は知っていたが、遠くて行く費用がなかった」と話した事例が挙げられ、窓口の各地への拡充の必要性が浮かび上がった。2007年に「こうのとりのゆりかご」を認可した当時の熊本市長の幸山政史氏は「この間、国は何の協力もしない傍観者だった。法が必要だ」と窓口増設のための法整備を訴えた。

第二章

いのちを育てる

1　虐待に向き合う

厚木市幼児虐待致死事件

大阪・北摂地方の郊外、田園地帯を開発した新興住宅地にあるそのハイツは小奇麗な2階建て。付近に人影は多くはなく、近所付き合いがあまり深くないのか通行人は足早に行き過ぎた。２０１４年6月、この一室で当時19歳の母親と23歳の父親が、難病の3歳長女にろくに食事も与えずに衰弱死させたとして起訴された。発見時、長女は骨が浮き出るほどやせ衰え、解剖所見では胃は空っぽで、腸には空腹を紛らわせるために飲み込んだと見られるアルミ箔やロウソクがあった。ベランダにくくりつけられ、「ママー」と泣いていたなどの目撃情報も報道された。死亡に至るまでの認識が親になかったとして地裁では無罪判決が出たが、15歳で出産した母親は、わが子の栄養障害に対応できる知識も周囲の助言もなかった事を判決が指摘した。

子供への虐待は毎年5～7万件が発覚し、50人以上の子供が命を奪われている。近年の報道でも、２０１７年7月に福岡県で22歳の母親が「イライラして」と、寝ていた生後4か月の娘を踏みつけ心臓

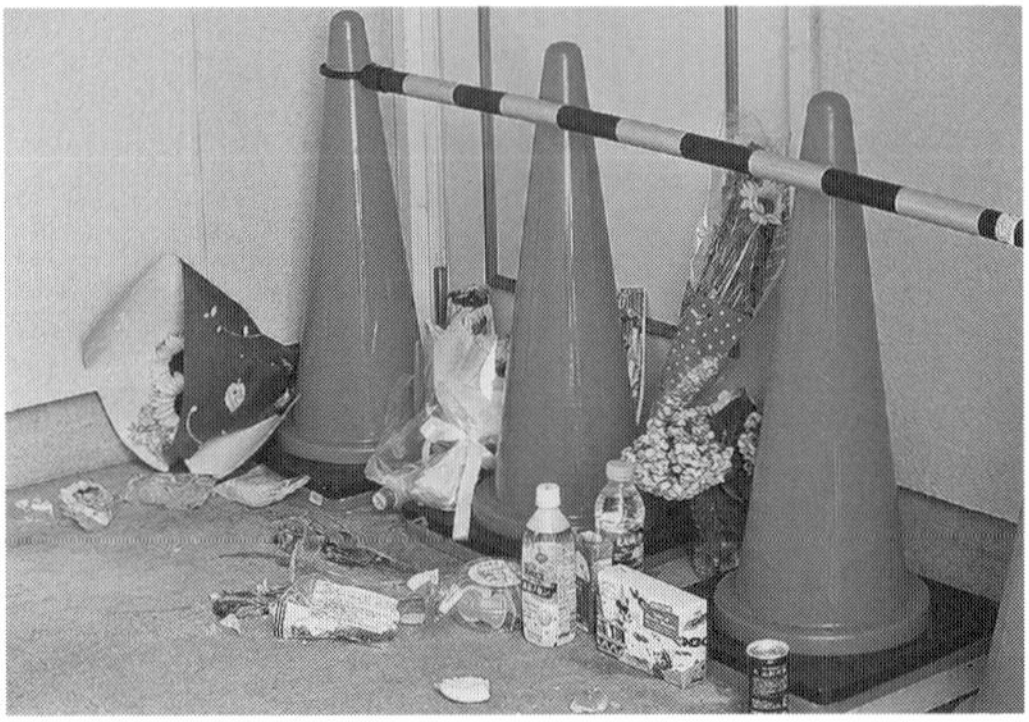

幼児が虐待で亡くなった事件の後、現場アパートには花束などが供えられたが……（2014年７月、厚木市内で）

破裂で殺害した疑いで逮捕された。前年1月には埼玉県で20代の母親と内縁の夫が3歳の次女を、口に布を入れてテープで固定し紐でつなぐなどの暴力や食事も与えず放置する虐待を4か月間続けて衰弱死させたとして、懲役の実刑となった。

いたいけない命が奪われる凄惨な事件のたびに、「周りが何とかできなかったのか」という声が起こり、社会に問題が投げかけられる。「嘆かわしい」と論評するだけでなく、周囲の人に何かなすべきことはあるのか。14年に神奈川県厚木市で発覚した幼児遺棄虐待死事件を調査したノンフィクション作家の石井光太さん（40）は「地域とのつながりが深い人には役割があるのではないでしょうか」と話す。

15年10月の同事件地裁判決によると、殺人罪に問われた30代の父親は、04年に20代の妻が家出して以降、長男理玖君（死亡当時5歳）を一人で育てていたが養育に気を配らず、仕事や女性との交際で外出するたび一室に監禁していた。料金未払いで電気もガスも止まり冬は厳寒、夏は猛暑の部屋で、食事は日に2回コンビニのパンとおにぎり1つずつだけ、その後は2～3日あるいは週に1回くらいになった。

理玖君は低栄養で07年1月ごろに死亡したが、父親は隠し続けた。7年半後の5月、生きておれば13歳の誕生日に、1メートルものゴミの山に埋もれた暗闇の部屋で白骨化した理玖君が発見された。裁判長は「唯一すがるべき父親から十分な食事も与えられず不快で異常な環境に放置され、極度の空腹による苦痛を感じ絶命していった。涙を禁じ得ない」と述べた。

そのアパートは厚木市中心部から車で20分ほど。周囲に田畑が広がり新しい家も多い土地環境は大阪のケースとも共通する。表通りは通行人もあるが、近くの女性は「普段よく通る所でそんな事件が起きてたなんて」と驚きを隠さない。控訴審では殺意は否定されたが、父親は当初「育児がどういうものか分かりません」と供述している。

母親の家出直前、夜中に路上でTシャツで震える理玖君を児童相談所が保護したものの「迷子」扱いになった。石井さんは、ネグレクトする親は虐待の自覚がなく、近所や児童相談所も察知しにくい事情を踏まえ、「社会がそういう事を知って支えていかねばならないが、『周囲が声をかけよう』では済まない事態に世間がなっている」と指摘する。

この事件現場の近所に住んで40年近くと言う農作業中の男性は「全然気付かなかった。子供も親の顔も見たことがなかった。早くにどうにかできなかったものでしょうか。昔は隣近所で助け合っていたが、今は誰がどこに住んでいるのか分からない」と話した。

地裁判決後に行われた記者会見で、子育て経験のある40代の女性裁判員は、被告の責任を指弾した上で「家族や児童相談所など周囲が気付く機会がなかったのか。子育てが大変でも頑張っている人はたくさんいる。助けが必要な人が声を上げやすい社会にすることが必要だ」と訴えた。児童虐待防止法は市民による虐待事案の児童相談所などへの通告義務を定め、04年には「虐待の疑い」までに対象が広げられたが、14年度の虐待死事件43件のうち通告があったのは7件だけだった。

監禁されて栄養不足で亡くなってから7年間放置された理玖君は定期健診も受けず学齢に達しても入学しないのに、公的機関は把握できなかった。被告の父親は親族など誰にも相談せず、家出した20代の母親もわが子を顧みていない。同事件などを扱った『「鬼畜」の家　わが子を殺す親たち』（新潮社）をはじめ虐待問題に関する著述も多い石井さんは、事件の追跡調査でこのことを突き止め、「把握の可能性は児童相談所だが、当時の手薄な体制では困難」と拡充の必要を指摘。一方で、「医療の保険のように、元々養育が困難な親を支える社会的仕組みがないのが問題です」と言う。

被告が仕事はきちんとできる半面、停電してゴミ屋敷となった部屋に住み続け、まともな食事を与えずわが子を閉じ込めていたことを「育てていた」と言うなど通常の生活感覚の欠如が著しいことを挙げ、「このようにネグレクトの自覚のないケースは普通の社会福祉や医療の制度では救済できない」と問題点を示す。

そして石井さんは多くの事件の教訓からも、「地元での付き合いが広く、いろんな家庭の事情、親から子までをよく知る人なら相談に乗れるだろう。例えば寺の住職もそうですし、寺などに窓口や相談室があればいい」と提案する。医療や福祉の制度のようなセーフティネットが虐待防止や育児では欠如している社会で、なぜ宗教者が役に立てるのか。「例えば医療なら健康保険とかの手続きが必要だが、宗教者やお寺はそういうものとは違うレベルで困った時に気軽に対応してもらえる、そういう力と役割を持っているのではないでしょうか」。

児童相談所への虐待事案の通告は実際にはほとんどが家族や親戚だという。「その通告、相談を寺などに向けるように啓発活動するとか、虐待防止を考える会を開くとか。行政と連携して取り組んでもいい。どこまでがしつけでどこからが暴力か判断に迷う多くのケースで、寺なら児童相談所より声をかけやすいはず」と具体的だ。

実際に各地の寺院・教会では「子育て教室」や「母親の会」など育児支援、虐待防止に向けた悩み相談が数多く行われている。また、虐待に苦しむ青少年からの相談を受けている超宗派の僧侶の団体「メッター」代表の今城良瑞さん（46）は多くの事例から「親たちに対処することが重要。虐待は貧困や人間関係希薄などの事情と密接に関係している」と語る。そんな中で石井さんは育児支援とは別に、事件の追跡調査から浮かび上がった親たちの資質の問題の根深さに目を向ける。

厚木の事件では石井さんの調査によって、被告である父親の尋常ではない「こころの問題」が見えて来た。被告は公判などで凄惨な事件の経過について「忘れました」と繰り返した。心理鑑定では、長男理玖君への対話や情操教育もなくただ粗末な食事を与えるだけの養育について「何とかなると思った」と答え、「受動的対処様式」の性格、「育児イメージの乏しさ」との判定が出ている。被告は幼い時期に母が家で暴れるなどの家庭問題に直面し、これが「嫌なことは忘れる」などの性格形成に大きく影響しているとされた。

一方で石井さんが面会したその父親が「あいつの責任はどうなのか」と語った、わが子を顧みずに家出した20代の母親についても厳しい事情が判明する。結婚後1年で育児に疲れ、遊ぶ金のために風俗業やコンビニでアルバイトを重ねた。養育を放棄した結果、理玖君は2歳になっても食事の仕方を知らずしゃべれない。挙句に完全に失跡してしまう。だがその親の実家が地方の旧家につながる彼女も生い立ちが複雑だった。親戚筋で問題が多く、彼女も父の失踪と家庭崩壊に遭遇し、自分の母から虐待を受けていた。虐待は繰り返される。

石井さんは、このような同事件の当事者だけでなく虐待をする多くの親たちの生活感覚の希薄さ、結婚して子供を作る以前からの「いのち」に対する意識の低さを問題視し、「それを変えていき、精神的支えになる人が必要です」と言う。そんな親の世代はネットやラインでお互いにつながるが、地域や社会とは接点を持たない。「だから、悲劇になる前に周囲が声をかけようと言っても、彼らには声のかけようがない」。いろんな人が互に付き合っていた以前と異なり、「夜に幼児が道端で泣いていていても、声をかける人とかけられる人とが〝出会えない社会〟になっています」と。石井さんが住職ら宗教者に期待するのは、特定の人々とだけ付き合うのではなく世間を縦断的に見られる立場にいて人々の心の支えになれるからだ。

結果としてわが子の命を奪った父母に共通する大きな問題が、この虐待の「連鎖」だ。発達心理学者による欧米のデータでは、幼少時に虐待された親がわが子を虐待したのが30％だったのに対し、被虐待体験のない親の場合は5％程度という。関東で高校生の長男に体罰を続け、食事を与えない、真冬に手足を縛って裸で浴室に監禁するという暴力によって死亡させた父親は、自身も子供のころ父親に日常的に殴られていたという。石井さんは「連鎖はほとんどのケースで見られる。そうして育った子供は発育に支障をきたし、『自分はいけない子供だと』自己否定観を持つ。親とのコミュニケーションが取れないから他者との人間関係もうまくいかない。だから自分の子供にもしてしまうのです」と語る。

虐待の連鎖に

「母に叩かれて育ち、絶対に自分はそうすまいと誓った私もかつて、愛しているはずのわが子に手を上げてしまった」。こう話すのは、「自己尊重トレーナー」として、「虐待してしまいそう」と悲鳴を上げる母親たちの相談を受けている東京都の北村年子さん（55）だ。北村さんの母は娘に暴力を振るった後に泣きながら抱きしめたという。とても優しい面もあり、幼い北村さんは「お母さんも苦しいんだ」と思い、泣かない〝いい子〟でいた。「同じように多くの子供が母の苦しさを感じており、そこから真綿のようにじわじわ締め付ける虐待に甘んじてしまう。孤立した母子に誰かが助けを出さなくては」と語る。

「私なんか死んだ方がいい」――。北村さんが講師をするワークショップで、子供を繰り返し叩いてしまう母親からこんな苦悶の声が出た。北村さんはそんな母親を責めるのではなく、まず「辛かったね」と受け入れることから始める。それは母親にこそ自己尊重感を持ち安心してほしいから。「お母さんがもっと自分を好きになる講座」の名の通り、それが子供を愛し育てる基礎だという。何かを「しなくちゃ」「私でなくては」より「ま、いっかと力を抜いて幸せなママになる」と銘打つように、不完全な自分を受容し自己表現する。例えば夫に「なぜ分かってくれないの」という他者への攻撃ではなく「私は辛い、こうしてほしい」という自分の真意を伝える事だ。

その自尊感情を「自らを拠り所とする、まさに『自灯明』です」と言う北村さんは、自らが帰依する仏教でいう「慈悲」とは怒りを涙に変えるものだと考える。怒りの根っこには必ず哀しい、泣きたい気持ちがあると。人は弱い「凡夫」、実家はそう教える真宗の門徒だった。だが借金で一家離散後、やっと再会できた父が12歳の時に病苦で自死し、「この世に神も仏もない」と呪ったという。20代後半以降は貧困・人権問題など様々な社会活動をしていたが、心が不安定と感じて瞑想を始める。40歳を過ぎて不登校の息子と東南アジアを遍歴し、「あるがままを認めるゴエンカ式ヴィパッサナー瞑想にたどり着きました」と話した。人生は自らが選んだ、これまで苦しんだことは自分を磨く試練だったということを悟ったという。今も瞑想修行を続けるが、子育て支援や自死防止の活動もそれと同じだと話す。「今世でやれる限りのことはしなくてはならない。実践してこそ仏教です」と。

講座に来る母親たちに対し、子供への暴力、虐待自体は否定するがその時の気持ちを北村さんは受け止める。そして冷静に考えれば問題点が見えて来る。「泣きたい、甘えたい、自分に許せないことは子供にも許せませんよ」と伝える。だから、自己を尊重できれば子供も他人も尊重できると。子供を褒めよという前に自分を。北村さんは「当たり前と思っていることを」「結果よりプロセスを」「ありがとうと感謝できることを」などと褒めるポイントを挙げる。だが「よくできたと褒めるより、できなかったことを認め許すのが重要です」と畳みかけた。

そんな姿勢も自身の体験から来ている。30歳で出産してから自尊感情が下がったという。1人で24時間育児に追われて疲れ果て、子供に手を上げる自分の中の鬼のような感情に嫌悪を覚えた。そんな自分には人権を語る資格もないと。自らも母親に厳しく育てられて「いい子」でいたが、「大人の期待に応えようと頑張る〝都合のいい子〟だった」と思う。幼い時に親に代わり育ててくれた祖母は「まあえぇか。死にゃあせん」が口癖だった。「いいお母さんにならなくちゃ症候群から脱することが重要です。いい子で上手、は企業社会の勝ち組の論理ではあっても子育てには最も通用しない」と北村さん。虐待と同様にそんな症候群も連鎖すると指摘した。

母親たちに安心を与えるには、「受容される人間関係があること」と社会の変革を強調する。利用しやすい保育・託児制度も充実せずに母親に責任を押し付ける社会を変えること。子育てを分かち合い、子を怒鳴る母に「大変ね。私が見ててあげる」と助けてくれる「おせっかい」な周囲の人々、地域や街頭で子供にわが子のように声をかける、「そんな〝道親〟が増えれば母も子も、誰もが暮らしやすい世の中ではないですか」。

2　被虐待児に隣る人

光の子どもの家

「隣る人」。埼玉県加須市にあるプロテスタント系の児童養護施設「光の子どもの家」の創設者である菅原哲男理事長（79）は、被虐待児を育てる「子どもの家」の方針、自らの姿勢をそのように表現する（菅原氏は2019年5月に理事長職を退いた）。キリスト教の博愛を表わす「隣り人」を、より能動的に動詞形にしたものだ。施設名も聖書の「光の子として歩みなさい」（『エペソ人への手紙』5）から取り、「様々な困難を乗り越え、互いに輝き合えるように」との祈りが込められている。

なぜ「隣る」なのか。ここに来るのは、親などから過酷な虐待を受け心身ともに深く傷ついた子供ら。10歳と5歳の兄弟は、自殺未遂を繰り返す母親から包丁を振り回し首を絞めるなどの暴力を受け続け、児童相談所に保護された。夜尿が治らず、人との接触に怯える一方で乱暴をして「反応性愛着障がい」の疑いと診断され、入所時は食事も寝ることも泣いて拒んだ。

この光の子どもの家では、子らを女性保育士が母親代わりとなり家庭的な環境で育てる。男女混合、年齢もまちまちの5人以下の子供たちを1人の保育士が完全に固定して担当し、毎日寝付くまで世話をする「責任担当制」を当初から採用。１９８５年の設立時から保育士をする竹花信恵さん（53）は「愛された経験のない子を『あなたに会えてうれしい』ととにかく包み込むことからです」と言う。

無表情で凍り付いていた兄弟は次第に顔つきが良くなり、保育士に甘えるようになった。理事長が頭をなでると、以前は「殴られるのか」と勘違いしてさっと避けたのが、すり寄って来た。「いつもいるのが母親。家庭で母が夕方5時になったら退勤しますか？」と竹花さん。クリスチャンながら働きやすくと常に作務衣姿、いかにも頑固親爺然とした風貌の理事長は「隣るとは、逃げないことです」と畳みかけた。

聖書『ルカによる福音書』の「善きサマリア人」の逸話で強盗に半殺しにされた道端の旅人を献身的に助けるのが「隣り人」の姿。そこから理事長は「苦しんで助けが必要な人に決して知らぬふりをせず、こちらから隣り人になりに行かねばならない。人は一人では生きて行けない。宗教は利他を教えています」と語る。「ここへ来る子供らは文字通り半殺しにされ、捨て置かれ、隣に誰もいない。彼らにはやらねばならない事も、してはいけない事も何もかもゼロなのです」。

だから「生まれて来てくれてうれしい」という姿勢で「僕も死ぬまで隣ると決めた」。理事長がそんな気付きを得たのは15年ほど前の出来事からだ。小学生の男児がルールを守らずに集団生活を乱し、他の施設へ移るという話になった際、周囲の子供らも職員も皆、「行かせないで」と泣いた。「彼はその時、自分の隣に人がいてくれることに気付いたのです。子供には育つ芽があるのです」。

誕生祝いのケーキを独り占めする子も、3年かかって皆に分けてあげられるようになった。子供同士も隣り合っている。聖書の「光の子」には「あなた方は以前には暗闇でしたが、今は主に結ばれて光となっています」とある。「光は輝き続けるが、私は自分を燃やして光と熱を与え続けることができるか」。そう菅原理事長は自らに常に問いかける。これは宗教者でなくとも同じことだろう。

理事長の言う「隣る」とは「ともに暮らす」ことだ。施設運営は公費措置だがとても足りず、教会などの援助によって36人が生活する。その場所で「家として寝起きし、一緒にご飯を食べ、過ごす。その普通の暮らしこそが最も大事」と。そして「家族なんだから皆違っていていい」と、勉強も就寝も決まった日課はない。毎日、夕方の食卓にははしゃぎ声が飛び交う。

安らかな家の生活を

「高校で上手くなったら有名チームに呼ばれるかな?」「無理だよっ」。中学生、小学5年生の男児が薄暗くなるまで園庭でサッカーの練習をする。顔は汗まみれだ。芝生では6年生男児が5歳の女児と遊び、保育士と植え込みでかくれんぼをする子らも。午後6時のチャイムが響くと、食卓に集まった子供らが歓声を上げた。「わあスパゲッティ!」「うまそう!」。ここでの夕方、普通の家庭と変わりのない光景が繰り広げられる。家族的環境を最重視し、ダイニングは5~6人単位、各人の個室は6畳ほどに机や本棚もあり、風呂は交代だ。建物は2階建て以下に作られ、表の玄関には施設の看板ではなく小さな表札しかない。

菅原理事長は「虐待された子らは実の親に『生きていちゃいけない』と言葉より行いで言われたようなもの。『何で産んだんだ』と生きる希望や意欲を失った彼らには、君に会えて良かったという気持ちを伝え続けねばなりません」と「安らかな家の生活」がなぜ重要なのかを説明する。

親に暴力を受け病院から来た4歳男児は、体にケロイドや骨折の跡があった。子どもの家では、絶望的環境から保護され入所して来た日を「生まれた日」として歓迎し、「生まれたばかりなんだから何もできなくて当たり前」と受け止める。「絶対受容」とそれを表現する理事長は、「泣きわめいても、バカな事をしても、うんこしても褒めてやる。でないとその子は人になれないくらいなのです」と力を入れる。

大きな食卓を囲んでのにぎやかな夕食。菅原理事長（左）も一緒だ（「光の子どもの家」で）

母親に見捨てられ、「喉が渇いた」と言うと煮え湯を飲ませられた男児がいた。ベテラン保育士の竹花さんによると、そんな経験をした子は破壊的暴力を振るうか極度に怯え、人間関係が築けないことが共通するという。「でもその子にも生命力はあります」。優しい女子高校生の〝お姉ちゃん〟のいるグループで暮らすうちに表情が明るく豊かになった。「ここへ来た子は嫌な事があってももうどこへも行けない。安心できる居場所として暮らせるようにすることが第一です」。普通に人間の親から生まれ、愛されて育てば、「ご飯おいしいね」と言える「普通の子」なのに、たまたまその親に愛情が欠けていただけ。「だから『施設の子』なんかいない、普通の子ばかりです。どんな子も、よくこんなに真っすぐに生きるなあと尊敬できます」と竹花さんは強調する。

もちろん波風が立たないわけはない。高校を卒業して子どもの家を巣立った男性は、30代の今も携帯電話の費用などかなりの金額を無心して来る。在所中から施設の金を盗んで仲間に分け、入院先でも窃盗をして刑務所にも入った。だが、最近も大金を貸してほしいと求めるのを菅原理事長が諭すと、「育ててくれてありがとう。今度は先生の子に生まれたい」と手紙を寄こした。「いくつになっても帰って来る、そんな実家であるのが願いです」。そう理事長がうなずいた。

ざわざわと食事が始まりテーブルにサラダが出ると、女児が「ドレッシング取って、ママ！」と。保育士をそう当たり前に呼ぶ。3歳の女の子は風呂上がりのパジャマ姿だ。「1年生だよっ」という女児が、アンパンマンの絵の入ったピアニカで「こんなのできるよ」と「カエルの歌」を演奏してくれた。落ち着かない男児を中学2年生の女児が「こら、行儀悪い！」と空手の真似をして姉のように諌め、そそくさと塾通いに出かける。「勉強進んでるのか?」。その背中に菅原理事長の声が優しく飛んだ。

菅原理事長は、なぜ子供たちの養育にそこまで献身的なのか。かつてキリスト教系大学で物理の研究者だった際、学生ボランティアを指導して婦人保護施設を訪れ衝撃的な場面に出会った。売春防止法に基づいて作られたその施設で、無断外泊を繰り返す入所女性が、注意した寮母にキレて剃刀を振り上げ追いかけ回した。寮母が言う。「殺したければ殺していいよ！　私の命をあなたにあげるから私の分までしっかり生きて」。すると、女性は大声で叫んで自分の頬を切り救急車で病院に運ばれた。後日戻った女性は激変していた。「私はこれまでずっと他人に利用されて生きて来た。でもこの人は私に命をくれると言った。だから本物の人間、だからこの人の言うことを聞きます」。

高校2年で洗礼を受けて以来ずっと信仰に生きて来たが、嗚咽する女性の言葉を聞いた体験は菅原理事長の心を激しく揺さぶった。「人は一人じゃない。誰かが『会えてうれしい』と言ってくれれば」。そう考え、大学を退職してその施設に就職したのが福祉の道の出発点だった。そこから教えについて、「教会での説教が肉体を持たないとだめだ」と感じ、「子どもの家」を作った。

パンフレットには「この家は、聖書で語られる言葉の受肉の結果として用いられたいという祈りの中から与えられ、生み出された」と書き記し、有名なアッシジの聖フランシスコの祈りが引用されている。「主よ　私を平和の器とならせて下さい　憎しみがあるところに愛を……暗きには光をもたらすものとして下さい」。

子どもの家の原点は自らの家庭だった。終戦直後の子供時代、米もなく貧しい中で6人兄弟にいつも優しく給仕してくれる母親が自分では食事をしているのを見たことがない。ある日、姉らと相談してご飯を少しずつ残して母に食べてもらった。「そういう母に育てられ、後に人生に悩んだ時には『与え続ける人』として母を思いました」。

その母は自身が30歳だった50年前に62歳で亡くなった。だが「やはり今も確かにいるのです」。自らの信仰は「隣って支え与え続けること」と語り、その信仰は「家」で形作られたと確信する。「教義の言葉よりも私がどう生かされてきたかを考えなくては。この家で子らを生かすのが仕事ですから」。

子どもの家では毎日曜日、子供ら全員が職員とともに教会へ礼拝に行く。金曜日には牧師を招いて話を聞く。理事長は「利他的な考えが少ないこの社会で、人を蹴落とすのではない利他的なことがあるのを知らせたい」と意図を説明する。それは例えば仏教でも同じことだろう。「信徒にしようという訳ではありません」と言うが中には洗礼を受ける子もいる。

職員も24人のうち5人が信徒。竹花さんは両親が信徒で、24歳で受洗した。「親にたくさん心配をかけて祈られて育ち、成長させてもらったのは神のお蔭だなあと感じます。今度は自分が何の役に立つか、何に用いられるのかと思います」。竹花さんは子供らが教会で雰囲気を味わい何かをくみ取ってくれれば、と考える。施設ではトラブルも絶えない。そこで何か怒りや不信感を持った時に〝赦し〟を考えることができること。そして人間は完璧ではなく小さい者だとの気付きに「神が導いて下さる。一番暗くて寒くて汚い場所でイエス様は生まれた。この家でもいろいろ大変な事がありますが、そこにイエスがいて、その生涯を私たちが見つめて生きることを大切にしたいのです」。

親たちが壊れている

光の子どもの家は、その慈愛の精神からどんな子供も受け入れる。かつて入所したが自分から飛び出し、荒れた生活の末に戻った郁子さん（仮名）（32）は、2017年春から職員として仕事をしている。くりくり輝く目が愛嬌たっぷりの表情からは、口に出す凄まじい過去は想像もつかない。

「物心ついたらこの家にいました」。生後8か月で実母から棄てられた。一緒にアパートに置き去りにされた2歳の兄と、他の施設を経て入所した。遺棄の理由は不明だが、実母が18歳で産んだ郁子さんは「父親は分からないし、新しい男ができて邪魔だったのでしょう。若過ぎたし」と話す。小学校4年で経緯を職員から知らされた。暴力を受けたかどうか記憶はないが、その後に面会に来た母を兄が「あのおばちゃんに近づいたらいかん」と怯えて話したのを覚えている。

兄は6年生でその母に引取られたが、郁子さんは「私も家に戻りたい」と言っても実現しなかった。満たされぬ気持ちで暮らし、中学3年の時に登校するふりをして脱走する。バレーボールの部活動はしていたが授業には出ていなかった。小学校で成績が良かったが中学で友人ができず、いじめに遭っていた。「私を気に入らない人が付け入るのは『施設の子』ということです」。暴走族ややくざの知人に食べさせてもらい転々としたが、それも嫌になり傷害事件を起こして卒業時は少年鑑別所にいた。

そこから出る際に身元引受人になってくれた子どもの家の保育士の自宅にしばらく暮らすが、昔の仲間の誘いでまた家出。16歳のその年から水商売や風俗店で働き、揚げ句に売春もした。覚せい剤にも手を出し、少年院に1年ほど収容される。「彼もできたけど真面目に付き合う気もなく長続きしなかった」と言うが、妊娠して3回も中絶した。尋常ではない生活だが「クスリで紛れていました」。それを28歳まで続けた。

２０１３年、自分で家を借りる世話をしてもらいたくて子どもの家に舞い戻った。12月の寒い夕方。「足を洗う気はなくクスリを打って来ましたがバレませんでした」。だが、菅原理事長から「ここにいろ！　本気で立ち直る気があるなら1回だけなら力になってやる。仕事は後から考える」とガツンと言われ、こわばっていた心が揺さぶられた。「お願いします」と即答したのは「このままじゃ脱け出せない」と実感したからだった。さらに覚せい剤の禁断症状で1年入院した後に就職した。

一気に話すと、その後全く連絡のない母親について郁子さんは「以前は憎かったけど、今はかわいそうな人だと思います」と語る。自分がこんな人生を歩んだのは「全て母のせいとは思わないが、あの母から自分の性格ができた面もある」。周囲から知らされたその母の生き方が刷り込まれて「じゃあ私も好きにやろう」と投げやりになり、何かの分かれ目のたびに「自分から不幸の方を選んだ」のは、保育士宅からの家出もそうだった。

「虐待された子は、自分がされた同じ事をして攻撃的になる。大人が支えても、『どうせ他人』と思って間違いが見えない。私もここでそうだった」という郁子さんは「でも、この家で徹底的に子供に向き合っているのは決して無駄じゃない。きっと気付きます。私もできることに頑張ります」と強調した。笑顔で「ここでは子供らに『元不良のお姉ちゃん』と呼ばれているのですよ」と付け加えた。郁子さんは、理事長の勧めで子供たちと教会にも通う。信仰をどう考えるか、人生の支えとなるか、それはまだ分からない。

光の子どもの家で母親代わりの女性保育士が1人で数人を育て連日夜まで世話するのは、合間に担当のない保育士がサポートに入るもののかなり過酷な仕事だ。竹花さんをはじめほとんどが独身を通し、中には辞めて行く人もいる。それでもこの責任担当制を続けるのは「親こそが最も大切」との菅原理事長の信念からだ。

「今、親たちがどんどん壊れている」。三十数年前の開園当初は入所時に親が同行し、一晩添い寝して別れに涙した。現在は全て虐待なので親子の接触はできないが、逆に「てめえ、俺のガキを」と怒鳴りこんで来る。「絶対に安心していいはずの親からひどい事をされるのだから、子供に問題があってもそれは大人の問題です」と理事長は指摘する。

虐待の6割が母親によるものだが、「我々の中にもある愚かさを考えれば、母だけが悪いのではない。そういう状況に追い込む社会状況を変えないと」。産むだけで素晴らしいのに、「いい子に」と期待を押し付ける。育て方も分からない。そんな「壊れた家」に替わって理事長は「夕方早く帰りたいと思う家にしなければ。この施設もです」と言う。だが、例えばクリスマスに理事長がサンタクロースになってプレゼントした時よりも、親が面会に来ると聞いた時の子供らの笑顔の方がずっと輝かしい。

酷い暴力を受けて入所して来た子でも「私のお母さん優しいよ。一緒にケーキも作った」と保育士も信じ込むような詐話を口に出す。理事長は、だから「やはり親。自分の親がどこでどうしているか知らないのは人生を貧しくする。どんな親でも精神的ルーツを断ってはいけない」とつながりを強調する。そんな子には「嘘ついちゃだめ」とは言わない。親の事を考え始めたサインだからだ。

暮らしも精神的にも入所する子らと同じように貧しい親たちと菅原理事長が付き合うのは「プラスよりマイナスが圧倒的に多い」が、その親をも「育てる」覚悟を理事長は持っている。心の豊かさを知らない親に「ちゃんとした親になろうよ、と言える関係を築きたい」。親が意欲的に生きられなければ子供も生きる意欲を持てない。子供を見放し、覚せい剤などの犯罪を重ねた親にも刑務所まで面会に行く。

非行に走る子を敢えて親に会わせると、「自分がこれではいけない」と親の方に気付きが生まれることもある。人間性を変える取り組み。普通の施設ではそこまではあり得ないことだ。「それで変わってくれ、自分の子に『しっかりしなさい』と言えるようになれば」と言うが、そう生易しいきれいごとではない。「また犯罪を繰り返し、10年はかかることも。でも、決して見放さない」。その母親が自分の母だったら、と思って理事長は接する。「血よりも濃い水があってもいいでしょう」と。

厚生労働省の調べでは2016年度に全国の児童相談所が対応した虐待は12万2578件で、1990年の集計開始以来の連続増加。15年度に虐待死した子供は84人、うち親子心中32人の6割は実母が産後うつなど不安定な精神状態だった（注：2019年度は虐待数が15万9850件と最多）。

竹花さんは「生活単位が小さくなり他人の痛みを知れない、そんな人が親になる」と言い、周囲のサポートについても「近所のおばちゃんや祖父母はもうとっくに期待できなくなっている。友人でさえ自分以外の家庭を知らないので助言できません」と現況を説明する。そんな中で菅原理事長が「母親の理想のよう」と評するある里親がこの施設にいた男児を引き取り育てている例がある。その子の入所前の境遇も凄惨なものだった。

3　里親として

里子のために生きる

「光の子どもの家」から努君（仮名）（17）を迎え育てて来た朗子（同）さんは73歳になっていた。里子に引き取る話が出た10年前、実は菅原理事長は大反対した。夫婦そろってプロテスタントの敬虔な信徒で、既に4人の里子と実子3人を育てていた。だが当時朗子さんはもう還暦を過ぎ、夫の匡さん（同）は67歳で努君が成人する頃には80歳。「献身的に親となるには体力的にも困難」という理事長の危惧は、だが見事に外れた。

休日の昼、食卓で一緒におやつを食べる朗子さんを努君は「理想のお母さん」と笑顔で評した。4年前に病死した匡さんをも「よく話をしてくれ、とても優しかった。人の事を気遣う父でした」と振り返る努君は、今どきの高校2年とは思えないほど屈託がない。だがスポーツで日焼けしたその顔に残る傷跡が物語るように、乳児院を経て「子どもの家」に入る前、実母から酷い虐待を受けていた。実兄2人は「原因不明」で命を落としており、当時生後6か月の努君も体をあちこち負傷していた。家庭の愛情で養育する必要を重視した児童相談所が、里親実績のある朗子さん夫妻を紹介した。

里親を始めたのは40年前、家庭が崩壊し施設にも入れない子供が多いという新聞報道を見た夫の提案だった。長男を産んだばかりの朗子さんは困惑したが、「自分の家よりも、世の中に気の毒な子がいるんだから」との熱意にほだされる。夫の母は戦時中、空襲で焼け出され地方の疎開先で貧しい暮らしをする中で、腹を空かせた近所の子供たちを自宅で休ませ、おやつを食べさせていた。匡さんはそれを見て育ち、成人してキリスト教の洗礼を受けた。同じく20歳で受洗し、「困っている人に尽くそう」と常々話し合っていた朗子さんは、その後も次々と里子を受入れ育てた。

努君を迎えた際、その傷跡に衝撃を受けた朗子さんは「いつも気に留めて育てなくては」と心の傷を案じたが、「子どもの家」での生活でそれはかなり癒されていたという。5年生の時、「僕を産んだお母さんはどう思っていたのかな」と聞かれ、「お兄ちゃんを産んだ時に母さんも嬉しかったから、努のお母さんも嬉しかったのよ。でもいろんな事情で子どもの家からうちにきたのよ」と告げた。ほっとした表情の努君を朗子さんは抱きしめた。

　ここまで育てるのに、朗子さんは一貫して「子供の個性を尊重して来ました」と語る。里親決定前の1年半の交流期間から自然体で接した。施設では気負わず会話をし、家に泊りに来ると近くの川で遊んだり、匡さんが一緒に風呂に入ったりした。最終的に「うちの子になるかい？」と持ちかけた。うなずいた努君も「僕にとって特別の人かも」と感じたと思い起こす。里子に迎えてからも、何でも話せるごく普通の家庭を心がけた。

　努君は外出して道を間違ってもとことん進んでしまうような思い込みの強い性格で困ることもあるが、「じっくり話すと、こだわる理由も見えて来るのです」。好き嫌いで「こんなの食べない」と食事を残すと、「周りのお姉ちゃんも嫌だし、作ったお母さんも傷つくよ」と諭した。しかし、夕食は必ず家族全員がそろってから食べるなど、普通の生活の中で驚くほど素直に育ったという。

　ところが円満な家族を苦難が襲う。努君が来て1年経った頃、福祉ヘルパーをしていた匡さんの体調が悪くなり、全身がマヒして死に至る難病ＡＬＳ（筋萎縮性側索硬化症）と診断された。会社勤めを退いていて努君とは最もよく一緒に遊ぶ父だった。

　入院した匡さんは「このままでは余命2か月」と判定される。「延命のため」との説明に、匡さんは喉を切開して人工呼吸器を付ける方を選んだ。「生きたい！　子供らのために」と胃瘻も受け入れた。「残酷な病気ですね。意識はしっかりしているのに」と朗子さん。口がきけなくなったので、パソコンを使い視線で文字盤を示して言葉を表現する会話法を夫婦で懸命に習得した。そんな状態でも夫は看護師にいい本を勧めるなど常に周囲を気遣っていたと振り返る。

　朗子さんが連日病室に詰めるため、努君は学童保育に通いながら面会に訪れた。「お父さん偉いなあ、一生懸命生きているよね。お母さんもお疲れさま」。看病でくたくたの朗子さんは、わがままも言わな

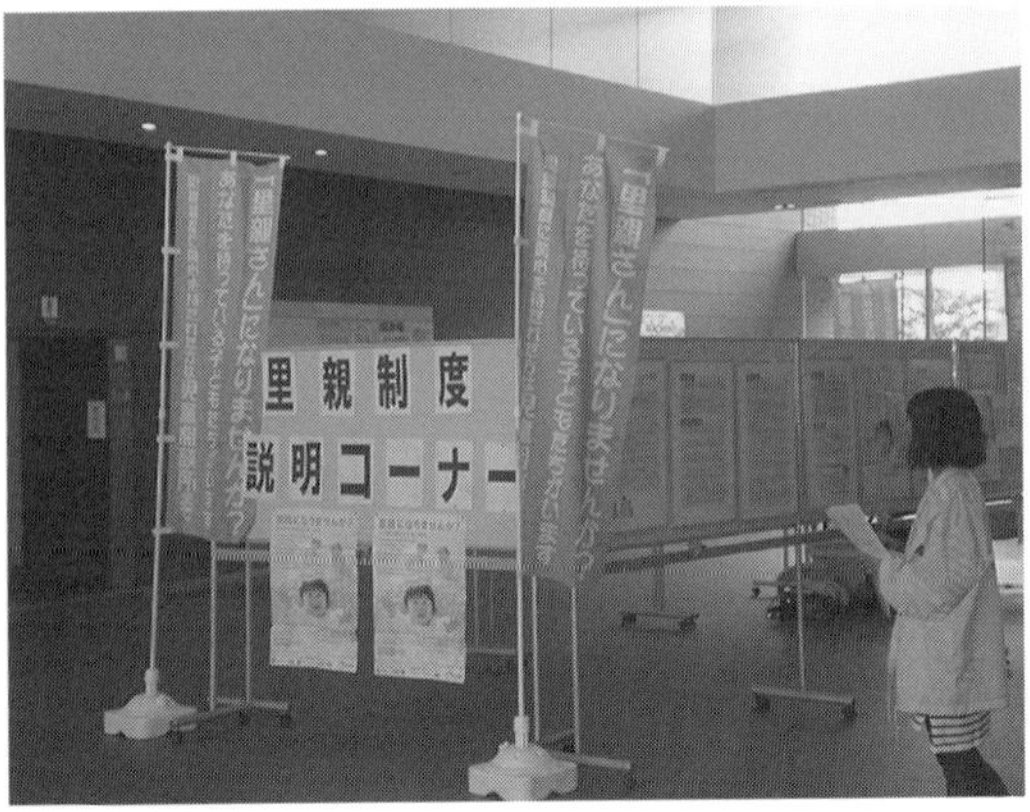

里親制度の認知度はまだ低く、広報活動にも反応は少ない（京都市内で）

くなった息子に接して家族のつながりを強く実感した。他の里子、実子も全員が毎月一度は特別に借りる病室に集い家族団欒をする。

そして末娘（22）が、「お父さんがいない場所じゃいや」とその病室で結婚式を挙げることを望んだ。彼女は里子に来た後、家出するなど反抗もあったが、父はすべて受け入れ、それが娘の救いだった。ベッドの父の前で新婦は着物、新郎はスーツ姿。牧師である長男が司式し、努君も祝賀会で大喜びだった。「そのような家族同士の思いやり、愛情こそが子供が育つ上で最も大切なものです」。当初は里親に猛反対した菅原理事長が朗子さん一家を讃えるのはそこだ。

2年後に匡さんは亡くなったが、「努がいたことで励まされ、慰められました」と朗子さんは言う。今も努君は「この家に来て良かった。お母さん厳しいけど、僕を思ってくれているんだね」と口に出す。高齢で疲労が募る朗子さんに「お母さんいなくなったらどうなるの？」と聞くこともある。「子どもの家があるじゃないの」。光の子どもの家は里親のサポートに里子の一時宿泊も受け入れている。「そうか、僕には帰る家が二つあるんだ」。何のわだかまりもない母と子。実母に「一度会ってみたい」と言い出した努君に「大人になったらね」と朗子さんは微笑む。

虐待が年々増加し、様々な事情で養育困難な子供が増える中で、里親制度や養子縁組が注目を集める。

改正児童福祉法が2017年4月に施行され、里親支援や養子縁組促進に向けた相談を児童相談所の業務に加えるなど「家庭的環境での養育」のための国・自治体の対応を明記した。だがなかなか普及はしない。「子供が欲しい夫婦のためではなく、子供のための制度です」。朗子さんは強調する。

「血がつながっていてもいなくても互いに愛し合う、苦しい時にも助け合うことです」。クリスチャンとして里親活動の根幹には信仰があると朗子さんは語る。「そうすれば小さな喜びが生まれ、感謝して祈ることでそれが段々大きくなります」。子供が泣いていたら悲しみをそのまま受け入れる。努君は「母さん、泣かせてくれてありがとう」と言い、それが母の喜びだという。「そういうことを喜べる信心が私の助けです」と。養育途中での夫の死やいろんな困難を克服できたことも感謝している。努君は父匡さんの思い出を大切にしている。「アイスキャンデーを融けてから慌てて食べてた」「神様のことよりも、人は困っている人を助けることが大事といつも話してくれた」。それが、努君が教会に通うようになったきっかけだった。今は朗子さんと二人で通い、約束し合った洗礼を受けた。

天理教会の子供たち

全国に3817世帯ある依託里親のうち、8・5％に当たる327世帯が天理教の信徒宅だ（2017年現在）。大阪市では全里親の2割近くに上り、それほど天理教が里親運動に力を入れていることは知られている。

同市東淀川区、天理教真柛分教会の酢藤國忠・前会長（76）は「人の子も我が子も同じこころもて」という初代真柱（天理教統率者）の言葉を引用し「大義ではひのきしんです」と説明する。「ひのきしん」とは、神への感謝から自発的に行う奉仕のことだ。「世界一列きょうだい」との教義から、「皆、同じ親神様から生まれた子。教祖様は『どんな事も神様の御用と思うてするのやで』と教えておられます」。

その「助けごころ」は単に里子を食べさせて養育するだけではなく、里子が助けられた喜びを自覚して世のために尽くし、人助けに喜びを感じる人間に成長するまで育てることだと強調する。時間はかかるが、それによって里親自身も育つ。「まず自分を律し、正しく和やかな空気を身に付ける。それで子供が安心できる居場所だと感じられるのが大事です」。信仰を持つかどうかは別に、虐待を受けた子供のしわくちゃになった心にいのちの水を滴らせてしわを伸ばす、心の養育をそう表現した。

自宅を兼ねる真榊分教会には、小学6年から高校3年まで被虐待の男児ばかり6人の里子が暮らす。毎夕6時、2階の神殿に子供らと前会長夫妻ら家族全員が集まって「夕勤め」が始まる。長男の忠義会長(44)が教服姿で「悪しきを祓ろうて……」と「御神楽歌」を唱えると、そろいの黒い法被姿の子供らが太鼓や鐘を上手に鳴らしながら大声で唱和した。前会長らも並んで4拍手、手おどりをする。「お勤めになじむまで何か月もかかります」。

だが家族全員の気持ちは無理なく一つになっているように見える。終わると階下の座敷での夕食。待ちかねたように食卓に着いた子供らが、会長夫人真美子さん(34)手作りの唐揚げに歓声を上げた。食欲旺盛な育ち盛りで、米は毎月80キロ以上も食べるという。部活で遅れて帰った高校3年の圭君(仮名)が「すみません体操服洗って下さい」と、制服のまま笑顔で席に着いた。

圭君は中学2年で里子に来る前、何人も替わった母親の連れ合いの〝父親〟から暴力を受け、保護されてからも施設や他の家を転々とし続けた。たらい回しに「どうせまたどこかへ行く」と大人を信用せず、教会でも心を閉ざして何か月も無表情だった。だが前会長らが自然に接するうちに食事で「いただきます」と口も利くようになった。

「説教せずに、どの子も同じように暮らします」。ただ共同生活のルールだけは教える。外出から戻ったら「ただいま」。そこで「どこへ行ってたの? どうやった?」と会話のきっかけができ、徐々に心を開いていくという。食卓で騒ぐ他の子らにつられて他愛のない話をするようになった圭君がある日、ずっと下の子と喧嘩して「死んでしまえ」と言った。「二度と言うな！」と前会長が厳しく叱ると涙ぐんだが反省の色が見えた。圭君は「大事な時には真剣に怒ってくれる。ここは今までの所とは違うと思った」と振り返る。

同教会では里子らと実親の話はせず尋ねもしないが、子供らは里親と実親を別に考えている。一般的例とは違い、里親が2世代なので「お父さん」ではなく「会長さん」「奥さん」などと呼ばせている。だが違和感はなく、高校1年、小学6年の子が「皆と一緒に暮らしていることが楽しい」と口をそろえるように、子供らは「家族」と思っているという。「ここへ来たのも縁」と言う前会長は「私は自分の子だと思っています」ときっぱり語った。

酢藤前会長が里親に登録したのは２０１３年だった。直前に忠義さんに会長職を譲っており、以前に引きこもり児の一時保護の経験もあったので知人の勧めに迷いはなかった。もともと天理教の信徒ではなく、19歳で新潟から大阪へ就職に来て信徒の親戚の養子となった。天理大学で福祉を学び、教会を地域に開く取り組みを続けて来た。だが実際に「よその子」を受け入れてみると、当初は暴れるなど子供らの言動の意図が読み切れずに対応に苦労した。「預かったからにはきちんとしつけなくては」という妻京子さん（70）に対して前会長は「もっと大らかに」と、部屋の片づけや食事作法ひとつでも家族で大論議になった。

厚生労働省の調べでは、ここ15年ほどで児童養護施設の入所児童数は微増なのに比べ、国費補助による里親などへの委託数は2・78倍の５９０３人（２０１４年度）と激増している。同省が「家庭的養護」を推進している表れで、16％の里親等委託率を19年度までに22％に引き上げる目標が「少子化社会対策大綱」に盛り込まれた。負担の大きい里親に里子を一時的に児童相談所が預かって休養させるレスパイトケアも導入されたが、専門家によると、社会的な認知度が低く地域で受け入れられにくい、養育上の悩みを相談する専門窓口がまだ少ないなどの問題点があるという。

真榊分教会でも道は決して平坦ではない。以前、保護観察で一時保護した男児は真夜中に飛び出して兵庫県で仲間と飲酒し、急性アルコール中毒になって搬送した救急隊から電話がかかって来た。盗みもあった。里子に来て何か月も殻に閉じこもり無表情で立ったままの子には「反応があろうがなかろうが話しかけますが、こちらも生身の人間なので参ります」と忠義会長。その子は虐待する父親にすぐに動かないと殴られるので座らない癖がついていた。「好きなおかずは?」と尋ね「ハンバーグ」とぽつりと答えたので妻真美子さんが手ごねで作ると、やっと顔がほころんだ。「それまでの暮らしが窺い知れませんが、枯れそうな心根に栄養を与えてどう心を開くかが一番大事」と天理教の教えに沿った対応を説明する会長はしかし、「一人ひとり違うので、傷に薬のようなマニュアルはないし、研修でも教えようがない」と語る。

母親のネグレクトで異例の長期保護をした3歳男児は、迎えに来た父と週末に自宅へ一時帰宅したが、その夜に母が自殺を図り運ばれた病院で死亡した。教会に戻っても、近くの病院に向かう救急車のサイレンを聞くたびに「ママ、ママ」という。「どう接していいか分かりませんでした」。一緒に夜空を見上げ、星を指して「あれ、ママかな?」とつぶやく子に黙って相槌を打つしかなかった。

虐待など様々な事情があっても、どの子も実親には特別な感情を抱いており、児童相談所の手配で面会がある前日には喜びはしゃぐ。だが全く親を知らない高校1年の男児が「いいなあ。僕にはいないもん」と泣き顔で俯いた。前会長はその子をしっかり抱きしめた。次からは、その日にわざと用を頼んだり2人でキャッチボールをしたりして皆と離すようにした。「心の傷は深いのです」。この話をする前会長の顔は涙でくしゃくしゃになっていた。「人の子を預かって育てるほど大きなたすけはない」との中山みき教祖の言葉が、前会長一家が里親を続ける支えだ。だが、教会での養育が布教と混同される心配はないのだろうか。

酢藤前会長は、里親をする以前から信徒の「ひのきしん」として続けている近所の公園や側溝の掃除に、6人の里子たちを誘い出す。だが彼らには「ひのきしん」とは言わず、「汚れていた所をきれいにしたら気持ちいいやろ?」と話す。奈良県天理市の天理教本部での行事にも連れて行っても信徒の表現である「おぢばがえり」とは言わない。毎日の夕勤めには全員が参列して御神楽歌を唱和し、教典も読むが「布教するつもりではなく、これがうちの家の日課だと伝えるのです」と前会長。だが「世のため人のために生きることはいいことで神様が喜ばれる、という広い意味での教えの根幹は話します」と言い、それは何年か暮らすうちに子供らにしっかり伝わっているという。

教会に来て4年余りになる圭君は、前会長から大怪我をした時に神の「お授け」で痛みが和らいだとの話を聞き、「すごいですね」と感心した。「生まれて来てよかったという信仰のある人生の喜びは分かってくれました」。親から酷い暴力を受け里子になった当初は感情を自分の中に閉じ込めて何の反応もせず、勉強も無関心だった。しかし、前会長や忠義会長一家や他の里子たちとの交わりの中で徐々に変化を見せ、ある時食後に黙って自分から皿洗いをした。「えっ、ありがとう」と驚く真美子さんにとびきりの笑顔を見せた。「それがひのきしん」と教えられたことを他の子にも話すようになり、今では最年長らしく「弟」たちにいろいろと指導するようになった。

家庭での育児で大事なことは、「宿しこむのも月日なり　生まれ出すのも月日世話どり」との教祖の言葉にあると前会長は強調する。人間が子供を作るのではなく、親神（月日）が「この子を通じて生きていけ」と親に子を授け、それに応えて神に喜んでもらえるように「陽気暮らし」をする、という教えだ。「親の考えで子をどうこうしてはいけないし虐待などもってのほか。まずは大人が変わり、自らの姿勢を示さないと」。

前会長の「教えは生き方そのもの。全世界の親である神と人間と自然は同列なのです」との信仰を受け継ぐ忠義会長も、結婚してすぐに東日本大震災の被災地で半年間、夫妻で支援活動に携わった。「長い新婚旅行でした」と、その後も天理教大阪教区の支援担当を務め、里子たちはその姿を見て育った。虐待されてきた中学3年の子は発達障がいで小学生のような言葉遣いだが、大家族で生活し夏休みに全員で旅行に行った喜びを作文に「大きくなったら、おんがえしをしたい」とたどたどしく記した。「こういうのが最高の贈り物です」と会長が目を輝かせる。

前会長が「人につくす人に成長してくれた」と評する圭君は、教えも熱心に学び最近、天理の「おぢば」で真柱から「お授け」を受けて信徒である「ようぼく」になった。「ここへ来て良かった。自分の家です。親ではないけど家族だと思っています」と話し、ようぼくになった動機を「いずれはここを出て行かねばならないけど、教えでずっとつながっていたいから」と答えた。勉強にも身を入れ工業高校で学ぶ圭君は「大工になって立派な家を建てたい」と夢を作文に書いた。「嫁さんとの家かな？」。前会長が尋ねると、「いいえ、親と一緒に住みたい。この家のように」と笑った。虐待でずたずたになった少年の心を何かの力が開き、変えたように見える。「天理教は親の声なのです」。前会長はそう付け加えた。

4　子育てを支える

お寺で母親サークル

カーペットを敷いた寺の本堂の30畳ほどのスペースにクマのぬいぐるみ、輪投げ、手押し車などのおもちゃやたくさんの絵本が散らばる。1～4歳ほどの乳幼児たちが床を転がってはしゃぎ、寺の飼い猫

東光寺での「幼児広場」では母親たちの話が弾む（中央が藤澤坊守）

にもじゃれつく。「よう歩くようになったね」「歯が生えかけなの」「へえ！」。藤澤順子坊守（57）（坊守とは、寺を切り盛りする住職の配偶者）が、女児を膝に座らせたお腹の大きな母親と歓談する。「料理がおいしいお店があるのにベビーカーで入れない」「電車でも邪魔にされた」。あちこちで母親同士の話の輪ができ、笑い声も起きる。

京都市下京区、真宗大谷派東光寺は、近くの同派養蓮寺と隔月交代で月1回の「幼児広場」を開いている。育児世代の母親が孤立しがちな中で、互いに交流しようとの狙いで2014年に始めた子育て支援だ。「お母さんたち同士が会うのは保育所だけ。小さな子がいる家庭が少ないから、公園でも一人ぽつんとしていることが多い。ここでざっくばらんに何でも悩み事を話し、励まし合いになれば」と藤澤坊守が説明する。

子供連れでゆっくりするのが中心で特にプログラムはないが、大学卒業後幼稚園に

8年間勤めた藤澤坊守が手作り人形劇など催しをすることもある。「核家族化と少子化で皆さん、子供と2人きりで家に閉じこもる。友人と話す余裕もない」。坊守が指摘する悩みがそのまま母親たちの口から出る。養蓮寺の本多倫子前坊守（67）も「自分でネットなどで情報を集める人は増えていますが、そこから外へ踏み出せない」と言う。

本堂で片時もじっとしていないわが子を目で追いながら30代母親が「夫の帰りがいつも遅く、一人で育児してくたくた」とため息をついた。「マンションは狭いから、ハイハイには気を付けないと」とアドバイスが出る。離乳食の選び方や安全な遊び場の情報交換が繰り広げられる。近所から何度か参加している母親（30）は「家にいるとしんどいけど、ここでよそのお母さんと話すと参考になるし、井戸端会議みたいで気安くて楽しい」と微笑んだ。

離乳のタイミングや発語時期などを本で調べたり専門家の話も聞いたりするが、「親しいお母さんは向こうから話しかけてくれる。『個人差がかなりあるよ』って顔を見ながら言われると安心します」。本多前坊守は「孤立する母親には声かけが大事です」と実感を語る。

課題もある。8か月の女児を連れた40代の母親は「上の子は離乳でも何でも遅く困った。ここへ来られるのは外出ができる生後半年以降でないと無理で、それまでは一人で悩み続けです」。バスで泣き声をうるさがられるなど、世間が子育てを温かく見守ってはくれないと感じるという。藤澤坊守が深くうなずいた。

中には、わが子に「そんな事しちゃだめ！」とすぐ手を挙げる母親もいる。「お母さん、手を出したら子供もすぐ手を出すようになるよ」と坊守。あまり強く諌めると来なくなるのでやんわり伝える。養蓮寺でも、落ち着きのない子の頭を拳固でゴツンとする母に、前坊守は「この子はそんなに悪い事してへんよ。大好きなお母さんに叩かれたら悲しくて、子供の心に辛いことが残るよ」と諭す。「暴力は絶対だめ。虐待としつけの区別が分かっていないお母さんもいます」と前坊守。藤澤坊守は、親の人間関係の薄さこそが虐待の原因のひとつになっていると感じている。子供にどう対処していいか情報もなく、周りの例を見ることも助言を求める相手もいない。「そんな中でお寺こそ人の縁を結ぶ場になるべきです」。

東光寺の「幼児広場」に初めて訪れた40代の母親は「お寺でこんなにのびのびさせてもらえるなんて」と目を輝かせた。不妊治療を何年も続けた末の高齢出産で「周囲の多くの人に支えられた。ここでもそうです。子育てがこんなに楽しくて嬉しいとは」。

「幼児広場」の日には寺の門にベビーカーが並ぶ（京都市下京区で）

「孤立する母親にはまずこちらから近づくことが大事」という藤澤坊守が「おせっかいなおばちゃんをしようと思います」というのは、自らの体験からだ。大阪の下町で近所の「おっちゃんおばちゃん」に叱られて育った。嫁いだ東光寺で1男2女を産み育てるのに舅姑と緊張関係を持ちながらも世話になったが、二人が亡くなると夫婦二人が互いに向き合い、育児をめぐってぶつかる事に気付いた。前住職であるその夫も2年前に病死し、今は〝地域の母ちゃん〟になりつつある。だが、道端にゴミを捨てた近くの小学生を注意すると周囲が「えっ」と驚く。

「経済優先の世間で、お金での裕福さが幸せの指標になっている」と門徒宅の月参りでも感じることがあるという。そんな中で無理して共働きをしようとしても、社会が育児を支える仕組みは脆弱だ。子供にも「将来、成功して」と過大な期待をかける。広場を交代で開く養蓮寺の本多前坊守が自分の寺での子供会のチラシを児童らに配ると、「その日は塾が」という反応がある。一方で、貧困などの事情で幼児広場にも来られない母子も多いと感じる。人々が、家族がバラバラになっている。「子供たちを見ていると社会が見え、胸が痛みます」。

二人がそんな中で子育て支援を続けるのはやはり信仰の支えがあるからだという。藤澤坊守は「広場」の始まりには本堂内陣の扉を開けておき「阿弥陀様のご縁でここに集うことができたので、お参りしてね」と挨拶する。もともと寺院は「地域の身近なつながりの場です。そして真宗はすべての人が縁でつながることを大事にしています」。そう考えて行動に踏み出したのは、1995年のオウム真理教事件の後、若いオウム信者が「人とのつながりがほしかったが、お寺は単なる風景でしかなかった」と供述した衝撃がきっかけだった。寺に生まれ育ったので寺の敷居が高いとは意識していなかったが、「これではいけない」と痛感し、寺を地域に開く試みとして「広場」を始めた。当初は参加者ゼロの日も多かったが本多前坊守も「つまずいた時こそ信仰が力になる。親鸞さんは本堂にいるのではなく外にいます」と強調した。

教えに基づく「縁」を取り組みの根底に据えること。被虐待児の相談を受け、避難シェルターの活動をする超宗派僧侶団体「メッター」は、孤立する母親の支援を目指して独自の保育所を作る準備も進める。「虐待の根本原因に対処するため。子供を預けて終わりではなく、親同士が井戸端会議を開いて育児の悩みを話し助け合う、保育料は安いけど面倒くさい保育所です」と代表の今城さんは説明する。「人と人との関係が薄くなった。そんな世の中で、敢えておせっかいをするのです」とも。これまで様々な活動をして来たことを、「困っている人との縁があると分かるから突き動かされる」と表現する。僧侶として修行する中で湧き起こる「智慧」によって見える世間の「苦」を、自分は見てしまったからだと。

マンションで母親交流

古い小学校校舎の向こうに40階近い高層タワーマンションが覆い被さる。反対側は20階建ての重厚な2棟が壁のようにそびえる。大阪市中心部の西区は近年、転入などで人口が急増し9万6800人余りの区民の90％がマンション住まい。大規模集合住宅が増え続ける一方で町内会加入率は下がり、区は「このままでは住民同士のコミュニケーションが希薄になる一方」とマンションでの様々な取り組みをしている。集会室に保育士らが出張し若い母親らを対象に交流や悩み相談をする「子育てサークルにっこりー広場」もその一つ。谷本徳子・子育て支援担当課長（56）は「多くが他所から転入してきた方で、オートロックで外部から遮断され同じ階でも交流がない。閉じこもるお母さんたちは育児でも孤立しがちです」と背景を説明する。

平日の午前、600世帯の「西道頓堀コーポ」で開かれた広場には12組の母子が参加した。「地域では児童数も激増して今時、小学校舎が増築されています。でも入学までは母親同士が見知らないので何かしないと」と管理組合の安代祥子理事長（46）が開催を申し込んだ事情を話す。管理棟の広い和室にはおもちゃが所狭しと並べられ、はしゃぐ乳幼児を見守りながら母親同士の話が盛り上がる。ほとんどが初対面だ。「5階にいます。長女がやっと歩き始めました。よろしくお願いしまーす」と全員の自己紹介では、「初めての娘で3か月。分からない事ばかりです」「下の子が皆とよく遊べるか心配です」と不安を口にする参加者も目立った。

相談の多くは保育所情報や離乳など。困り顔の母親を見ては部屋の隅に呼んで話しかける保育士は「比べて不安になる方も多い。本当は先輩のお母さんに聞くのが気安くていいのですが」とつながりの大事さを訴えた。谷本課長は「実は催しにも出てこない人が心配。保育所にも入れない在宅の母子が一番しんどいのです」と話す。検索されやすいようにネット上のPRも工夫し、チラシは全戸配布する。「どこにどんな母子が住んでいるか分からない。待っていても来てほしい人が来ないので役所が出て行って〝おせっかい〟をするのです」。

区の試みのきっかけは2010年に区内のマンションで起きた23歳の母親による幼い姉弟の虐待・養育放棄致死事件だった。長期に放置され餓死した桜子ちゃんと楓ちゃんの遺体が発見された際、閉じ込められたゴミの山の部屋で、単身者用の小さな空になった冷蔵庫の扉には食べ物を探したと見られる2人の小さな手の跡が見つかった。住民は誰も事件に気付かず、若い母の孤立も問題になった。衝撃を受けた住民たちが姉弟の名を付けた「桜楓会」という交流の集いを始め、その代表と話し合った区側がコミュニティづくりチームを立ち上げた。西道頓堀コーポからも近いその現場のマンション周囲は人通りが多く、1階に瀟洒なカフェなどが入った高層住宅が林立する。

広場は2013年の開始から年十数回の開催が徐々に増え、交流会が生まれるなど成果は上がっている。だが課長は「まだまだ足りない。特に集会所がない小規模マンションが」。そして「地域の事情に詳しく、広い場所をお持ちの施設も何か取り組んでいただければ」と期待する。住民同士が疎遠になることによって行政も含めた情報の流れが分断されれば「最悪の場合、命にかかわります。災害時なども含めて」。そう強調する課長は事件で呼び覚まされた危機感を今も抱き続ける。

第三章　いのちの教育

1　少年Aの事件から

犠牲者供養を教訓に

神戸市西北部の須磨区郊外、広大な丘陵を開発した新興団地の中の小高い山に水道給水槽がそびえる。木々や草に包まれた頂上から見渡す限りに広がる住宅地を望むこの通称「タンク山」には、20年以上も前の凄惨な事件の痕跡はない。1997年に起きた「少年A」による連続児童殺傷事件。3月に山下彩花さん（当時10歳）が頭部をハンマーで殴られて死亡、5月には土師淳君（同11歳）が殺害され、切断された遺体の一部が中学校の正門に放置された。

警察などへの挑戦状で「酒鬼薔薇聖斗」を名乗った当時中学3年生の少年A（14）が6月に逮捕された。社会に大きな衝撃を与え、その後も若者らの多くの凶悪犯罪に影響を与え続けるこの事件は住民の心に深い傷跡を残す。毎年「地蔵盆」に合わせて8月24日に山頂で犠牲者を慰霊し、「いのちの大切さ」を考える追悼法要が地元自治会と須磨区佛教会によって営まれてきた。

Aが遺体を損壊した山頂の現場には、事件翌年に同佛教会35か寺が協力して供養の「なかよし地蔵」

少年Ａが児童を殺害し、遺体を損傷した「タンク山」の現場（神戸市須磨区）

事件現場のタンク山に地元仏教会が設置した「なかよし地蔵」像

像を建立した。高さ1メートルの白い半円形の石に笑顔で寄り添う着物姿の男児と女児の姿が彫られている。公有地に特例として「宗教的構築物」設置を認めた市側は事件を風化させないための「安心安全コミュニティ像」としているが、住民には「お地蔵さん」であり、この前で毎年の法要が営まれる。

事件から20年の2017年夏には、炎天下に住民や来賓ら100人近くが参列した。15人の僧侶が念仏を唱え、続いて紺の袈裟を着けた同会長の善本秀樹・浄土真宗本願寺派順照寺住職（58）が表白文を読み上げた。「人のいのちのはかなきことは夢まぼろしの如し……願わくは大衆もろともに安心・安全の絆をさらに深め」。全員で唱和する般若心経がセミの声とともに夏空に立ち上り、焼香が続く。赤ん坊を抱いた母親、Tシャツの子供らや体の不自由な若者もいる。

区長、警察署長、中学校長らの防犯や青少年育成に言及した挨拶の後、謝辞に立った西内勝太郎・自治会長（77）は「子供にとって地域が学校、大人は皆先生です」と強調した。事件当時Aは地元子供会にもスポーツ会にも参加せず、顔見知りの大人は少なかった。

地域は50年ほど前にニュータウンが広がり始め、県外も含めた他所からの転入家族で人口が急増。整然と並ぶ住宅の間にきれいな公園が設けられているが、事件直後に「植え込みが防犯の死角になる」との苦情があり緑が減らされた。だが市民の会合では「そんなことより住民の意思疎通の『社会的、心理的死角』の方が怖い」との指摘が出た。

今も、新興住宅地らしく両側に高層住宅や何百戸もの戸建てが続く真っすぐな駅前道路には人通りはまばらだ。団地内も子供のたまり場になるような駄菓子店のような商店はなく、塾通いの児童が自転車で走り抜けるが、道端で遊ぶ姿はない。中学校のフェンスに「地域とともに命と絆を育もう」と書いた横断幕がある。

「悲惨な事件を決して忘れてはならず、尊いいのちの犠牲の上に私たちが生かせていただいていると

須磨区佛教会は毎年、少年A事件の犠牲者追悼法要を営む（神戸市須磨区のタンク山で）

この場で感じます。この20年間、地域のコミュニケーションを深め安心安全の町づくりに尽力してこられた皆さんに感謝したい」。善本会長は思いを込めて法要をそう締めくくった。そして「社会であまりにいのちが軽んじられている。教育にも問題があるが、日頃からいのちや仏を説くべき私たち寺も世間と疎遠になっており、責任がある。この法要もそうだが、だから寺はもっと地域に溶け込む努力を続けなくては」と苦渋の色を見せた。

タンク山での法要から4日後、「子供たちの今と未来を考えるシンポジウム」が須磨区役所で開かれた。同区佛教会長の善本住職が代表を務め同会の僧侶が中心となった実行委員会主催だ。善本会長は冒頭、「私たちの社会はこれまでにない大きな変化を迎え、地域コミュニティの中で人々の心に寄り添って来た寺や僧侶も迷いながら邁進する日々。そんな中で語り合う場を設けた」と趣旨を説明した。

テーマは安心安全の町づくりから子育て、地域文化や行政サービスなど幅広い。高齢者の知恵を生かす機会や、阪神・淡路大震災の被災地らしく災害対策など多彩な話題が出、参加した市長も会場からの質問に答えた。そんな中で善本会長は法要の様子をスライドで投影し「痛ましい出来事を通していのちの重みを考え、次の世代に伝えることが大事」と事件の教訓を再確認するのを忘れなかった。

「寺は開かれたものでなければなりません。法事や葬儀だけでなく災害や危険な出来事など、いざとなったら避難する所でもあり、地域の核となるよう努力して行きたい」。そう語る会長は平素、静かな住宅街にある自坊でも高齢者の集いや大震災の犠牲者慰霊法要、「キッズサンガ」という子供の集いなど様々な取り組みをしている。「単なる布教ではなく、仏に合掌して寺の雰囲気に親しんでもらい、何かあったら来てもらうのが狙いです」。東日本大震災の被災地にも毎年通い、仮設住宅で茶会を開いて傾聴を続ける。それらの原点は、阪神大震災と同じ年に起きたオウム真理教事件で、異常な教団に引き寄せられた若い信者が逮捕後に「心の拠りどころを求めた時、寺社は風景でしかなかった」と供述したことへの衝撃。やはりいろんな社会活動をしている宗教者と共通するところだ。

少年Ａ事件を機にいのちの重みを考える須磨区のシンポジウム
（神戸市須磨区役所で）

　このシンポジウムもその一環。少年Aによる児童殺傷事件を風化させず、語り継ぐ試みは法要もタンク山に設置した地蔵も同じだ。だが、その後も同じような悲惨な犯罪が各地で後を絶たない。「いのちが無念にも奪われたのだから我々坊さんは真剣に対応すべきです」。そう言いながら善本会長は複雑な表情を見せる。「あまりに事件が続き、どれがどこで起きたか思い出せないこともある。どこか他人事として逃げているような気がする。ということは、須磨の事件もAのイメージだけがネットなどで膨れ上がっているが教訓は風化しつつあるのかも……」と危機感を募らせる。

　社会全体で「いのち」のとらえ方が改善されたとはとて

も思えず、相次ぐ事件を見ると「軽くなったとしか考えられない。宗教者にはいのちを説く責務があるが、その言葉が伝わりにくい時代になっている」と会長は指摘する。しかし、単なる論評ではなく「私自身、説く努力が足りないのか。せっかく袈裟を着せてもらっているのだから、経典の専門用語ではなくても坊さんならではの話し方もあるはずですが」と我が身に引き付ける。

では、「殺してはなぜいけないのか？」。その問いに善本会長は「私も他人も、人間以外のあらゆる生命も同じ尊いいのち。必ず意味があって生まれて来た。私たちはいのちを食べて生きている。その事に感謝して手を合わせ、無駄ないのちなどないと知るのです」と、即座に答えた。葬儀などで「おばあちゃん死んでどこへ行ったの？」という子供には浄土のことをしっかり説くという。「いつか思い出してくれれば、いのちを考えるカギになる」。事件の審判記録によると、Aは可愛がってくれた祖母の死で人間の死に異常な興味を抱くようになったとされる。

「命を見つめる」授業

神戸の少年Aによる事件は、学校での「いのちの教育」「心の教育」が全国に広がる大きなきっかけとなった。中でも地元兵庫県は翌1998年から中学生を実社会で学ばせる「トライやるウィーク」を開始、神戸市は『命』を見つめる学習」をその後も展開している。その中で「命の感動体験・プレ親学習」とした「幼児とのふれあい体験」は中学生を対象に実施されており、2017年には同市北区の市立八多中学の3年生18人が隣の八多幼稚園を訪れた。井上宏規校長（59）は「取り組みは各校で様々。場所によっては地元の協力を得て子供が地域で顔を覚えてもらい、つながりができて事件の反省が生かせた」と話す。核家族化・少子化で老人や弟妹とのふれ合いが消え、死を間近に見たり幼児を世話したりすることがなくなったのをカバーするのが狙いで、「体験を通じて自分も含めたいのちの意味を感じさせたい」と説明した。

農家が点在するのどかな山間部にある過疎の校区は子供も少なく、幼稚園は次年度入園がわずか1人。だが各地で起きた子供が被害を受ける事件の影響で学校も園も門は厳重に施錠されている。朝、ブルーの体操服姿の生徒たちが園の教室に並び「お迎え挨拶」からスタートした。4歳児の手を取って「可愛いね」と和やかな顔の女生徒に比べ、男生徒は緊張の面持ちだ。

だが全員での自己紹介で年少組の男児が言い間違えてずっこけて見せるとどっと笑いが起き、すっかり打ち解けた。一緒に「昆虫体操」の後、生徒と園児が〝兄弟〟のようなペアになり、グループで思い思いの遊びをした。生徒が考えて来たボールゲーム、コマ回しやあや取りなど皆が大はしゃぎ。年長組では「おむすびころりん」の劇の練習にアドリブも飛び出した。

園庭にも駆け出し、追いかけっこで一番の腕白男児が鼻血を出すと男生徒が慣れぬ手つきで世話をする。集まっての昼弁当も挟んで1日を過ごすと、たっぷりのスキンシップもあり、「お姉ちゃん」「兄ちゃん」と呼ばれる体験を初めてした生徒たちも満足げな様子だった。「教室の授業では何も発言しない生徒が園では目を輝かせ率先して園児の世話をしていますね。『いのち』という抽象的なものを学ぶのではなく、自分との関係の中で名前を持った生身の人間と直に接していのちを実感してくれたのではないでしょうか」。井上校長はそう評価した。

「自分が事件を起こしたり変な事をしたりすれば誰が悲しむか、家族がどう嘆くか、そういうことに生徒が考え至れば」と言う校長はしかし、「Aの事件も津久井やまゆり園事件も根はつながっている。やった者の責に帰するだけではなく、地域や家族、社会全体の支える力の弱さの表れと見るべきです」と厳しい表情を見せる。両事件とも「想像を絶する残虐さなのに、ネットでは崇拝者もいる。バーチャルに作り上げられた世界で英雄視し、妄想の中で暴走する。だから例えば学校でも、そこへ来ることの最大の意味は生身の人とのつながりであり、彼らを孤立させず人の輪に取り込んでいくことが重要なのだと思います」。社会に向けてそう訴えた。

「園児が笑顔で挨拶を返してくれて嬉しく、とても可愛いと思った。幼児には幼児の感性があり個性的だった」。「幼児とのふれあい体験」をした八多中学の3年生たちは多彩な感想文を書いた。「笑顔を見ていて、どんな事を考えているのだろうと考えるきっかけになり、優しい気持ちになりました」「今まで小さな子に興味がなかったが、園児がしっかり自分の事をできていて驚いた。ふれ合うのは楽しく、私がここまで育ってこられたのは多くの人のお蔭なんだと知ることができました」。学校が授業前と後にしたアンケートでも「幼児の気持ちが分かる」が34・4%から51・2%に増加、「将来親になり子育てしたい」や「人の気持ちの分かる人間になりたい」も大きく増えた。

ここには確かに体験の効果が表れているようだ。少年A事件では当時、「あまりに特異で教訓などない」「いや、近い症状の子は多い」と論議が分かれたが、これを機に全国で様々な「いのちの教育」「心の教育」が行われた。岡山では中高生が山や川で自然に親しみ、夕食に地鶏2羽を殺して食べる合宿。宮沢賢治の『よだかの星』を読んで「私たちはいのちをいただいている」と実感させる狙いで、教育者鳥山敏子がかつて提唱し各地で実施されている取り組みだ。青森の農業高では捨てられ殺処分された犬猫の焼却骨を砕いて土に混ぜ、鉢植えの花を育てて配る活動が共感の輪を広げた。関西の高校では出生前診断を授業のテーマにした。

生き物飼育、老人ホームや養護施設訪問などは事件前からどこでも見られ、Aが通い、遺体の一部を校門に置いた中学でも以前からいろいろ実施されていた。だが同中学は靴下の長さから女生徒が髪をくくるゴム紐の色まで規則でがんじがらめに決められ、その〝優等生校〟ぶりは「羊の学校」と言われていた。事件の2年前に起きた阪神・淡路大震災でAは被災者救援のボランティア活動に参加したことがあった。だが「震災という生きた『いのちの学校』で彼はどう影響を与えられたのか」と教師は後に首を傾げた。

「いのちの重みは何よりも大きい」と語られることは多く、宗教者による講話でもそうだ。だが、「いのちの教育」と呼ばれるものにどこまで実効性があるのか。宗教倫理学会会長でプロテスタントの牧師でもある小原克博・同志社大学教授（52）は「事件の度に学校で先生が『生命は大事』と話すだけでは、生徒は『またか』と思うだけで効果はない。教室の外で生きること、生と死のリアルな体験をさせるのが不可欠」と強調する。

Aの事件後に相次いだ未成年者による凶悪犯罪のうち西鉄高速バスジャック殺傷事件では、容疑者の佐賀の少年（17）が通っていた市立中学は独居老人への弁当宅配などの「心の教育」で実績があった。が、事件後に校長は「残念だが、あの子には効果がなかったのか」と漏らした。愛知県豊川市の主婦殺害事件の少年（17）の私立高校では坐禅や愛鳥教育が50年も続けられ、教科書に載ったこともあった。小原教授は体験教育でもその「しっかりとした説明」がカギと言う。しかし、人はなぜ生きるのか、生のありがたさといったものを学ぶ機会は少ない。「例えばそんな宗教の知恵に接することも少ない。オフィシャルな学校現場からは排除されており、今は寺もそういう役割を果たしていない。学校に何が欠けているかを見据えて自分たちが引き受けるくらいの覚悟が必要なのに」。

事件の連鎖

インターネットで「酒鬼薔薇」を検索すると現在でも少年Aを称賛する不気味な書き込みが見られる。未成年者による凶悪事件が近年に増えているという事実はないが、「いのちの教育」が叫ばれる一方で、ネット空間などでA事件に影響を受けたと思われる事件が連鎖し、その後もいのちが軽んじられる犯罪が後を絶たない。いのちの教育についての論文が多い弓山達也・東京工業大学教授はこれを「他者との間合いや自制心、そして『これ以上やったら大変なことになる』という、『加減』の喪失があり、それによって暴力性が噴出する」ととらえる。

2000年5月、22人の乗客を人質に15時間にわたって西鉄高速バスを乗っ取り、牛刀で女性を刺殺、重傷者を出したバスジャック事件の少年は犯行前、「先にやられた」と2日前に起きた豊川主婦殺害事件に言及していた。その豊川事件で被害者を金槌で数十回殴り「苦しむ声が大きいので」と包丁で刺した少年も、ともにAと同年生まれの17歳だった。前年の女子高生ストーカー殺害事件で同じく17歳の被疑者は「酒鬼薔薇が中3であそこまでやれると尊敬し、近付きたいと思った」と供述した。茨城県立高校で女子生徒を刺傷した少年は「すごい奴がいる」と週刊誌に載ったAの写真をコピーして持ち歩き、学校で配りもしていた。

当時、ある元少年院医務課長は「大事件を起こす『大物』が出ると、ああこういうこともできるんだと潜在的に考え、それまで押さえていたタガが外れる」と分析したが、17年も後の名古屋大学の女子学生による殺人事件では被疑少女がツイッターに「酒鬼薔薇君、32歳の誕生日おめでとう」と投稿していた。この少女は秋葉原無差別殺害事件や大阪教育大学付属池田小学校児童殺傷事件の実行犯、そしてオウム真理教事件の麻原彰晃被告をもネットで讃えていた。未成年者に留まらず2016年の宇都宮連続爆発事件の容疑者(72)は「秋葉原のような事件を起こしたい」とフェイスブックに書き込んだ。津久井やまゆり園事件後には実行犯を称賛するネットの投稿が相次ぎ、神奈川県座間市ではSNSのつながりから9人を殺害する事件が発覚した。

連鎖の底にいのちへの認識の極端な薄さが共通するように見える。そしてそれは生命や人権を軽視するいじめと地続きだ。弓山教授は、広範化したいじめ問題の方が社会的影響力がより大きいとしつつ、

「いのちの教育はこの『加減』の回復。鶏を殺して食べる、小動物を飼育して誕生から死までを体験するなどは加減の振り切った地点（誕生・死）に直面することで、加減の尊さを知ることになる。特に死に直面することで、当たり前（いい加減）に生きていることが実に有り難く感謝すべきことだと知るのです」と語る。

「死」を扱うことへの拒絶感が学校現場にあり、児童生徒の様々な反応を受け止めるだけの教師や保護者の力量が不足している中で、教師と児童生徒、保護者の共有体験が自尊感情を育み、その高まりが生命尊重の態度を養うと弓山教授は指摘する。だがそれが「平時」や現世に限定されるのに対して、「宗教は儀礼や礼拝、祈りを通じて、死や誕生をリアルに経験しなくてもあたかも体験したかのようなすごい経験をさせてくれる力がある。学校現場と宗教者が協働、それが困難なら社会教育と連携することができる」と。そして「問題は宗教者がそれを語る言葉、裏打ちする体験を持っているかだ。中庸や欲望のコントロールという『いい加減』は宗教者の真骨頂ではないですか」と付け加えた。

「人間の命とゴキブリの命」

神戸市須磨区の中学で2017年の春、カラスの死骸が木の枝に突き刺してあるのが見つかった。少年Aの事件で被害者の遺体の一部が同中学の門に置かれたのを機に整備された防犯カメラで発見され、警察も出動する騒ぎになった。学校関係者、そして自治会長は「いやでも事件を思い起こした」と話す。Aは犯行以前、ネコなど小動物を殺しては友人に自慢していた。事件の前年、母親と生き物のいのちを巡るやり取りをしていたことが、Aの両親の手記に記されている。

母親が家の台所で這い回るゴキブリを叩くのを見て、Aは「母さん、ゴキブリにも人間と同じ一つの命があるんやで」と言った。母親は「分かっているけど。外にいたら叩いたりせえへん」と返し、家では食べ物などに菌が入ったりする害虫だと説明したが、Aはなお「ゴキブリにも命がある」と食い下がったという。その後、非行が目立つようになり同級生を殴って教師に叱られた際、Aが「人の命なんかゴキブリと同じや」と言い返したことを知った母親は衝撃を受けた。そして事件後、逮捕されたAは鑑別所へ面会に訪れて「被害者は皆苦しかったのよ」と諭す母親に、「弱い者は野菜と同じや」と言い放った。母親はずっと以前、運動会で緊張するAに「他の子を野菜と思いなさい」と言ったことを思い出し愕然となった。

障がい者を虐殺した津久井やまゆり園事件の被告の供述にも通じるこのAの発想は、事件時の「汚い野菜共には死の制裁を」という犯行声明文にも見られた。人間とゴキブリ、「同じ命」の前後を入れ替えると全く逆に取れるフレーズはしかし、近代の人間中心主義思想を相対化する視座を含むようにも見える。

このエピソードに小原同志社大学教授は「いのちは大切、殺してはいけないという命題はモーゼの『十戒』のようにどんな民族、宗教にもあるが、旧約聖書にも出て来るように現実には戦争などで守られたためしがない。適用範囲は『身内』や『人間』と区別されており、それを守るためには殺す、というのが実際だ。人を害するゴキブリを区別するのも同じで、そのような生々しい生の現実を捨象して『殺すな』と口先で言うだけでは反発が出るばかり」と語る。Aへの母親の応答についても、「明確に答えられる人の方が少ないし、論理的に説いたからといっていのちを重んじるかどうかは不明。むしろ論理で割り切れない世の中で生きることで、人は生きることにいろんな矛盾があることを言わずもがなで学んでいくのではないか」と分析した。

様々な社会問題を仏教の立場で研究する浄土宗総合研究所の今岡達雄副所長は、「人もゴキブリも同じ命」の論議に「二つの社会的合意がある」と指摘する。まず仏教の不殺生戒に当たる「全てのいのちは大切で守らねばならない」という大原則。しかし、人の食物の大部分はいのちある生物であり、病原菌は殺さないと人間の生命が奪われるといったことから、「生き物のいのちに生存のための優先順位を付け、人間社会の維持を最適化するという生命観もうひとつの社会的合意。仏教でも蚊を殺しても律蔵に反しない。二重基準に見えるが、バランスが取れておれば現実的で持続可能なシステムです」とする。

そして「生物界の連鎖、つながりの中で人間と他の生き物のいのちの関連を考えて行くこと」を強調した上で「いのちの軽重の評価は愛おしさの問題。Aの素朴な問いは、本当はゴキブリを叩いていい理由を知りたかったのだろう。母親は、食物に菌を運んで害を受ける、だからあなたのいのちを守るためだよとしっかり話すべきだったのかも知れない。だが多くの家庭ではAの母のような世間並みの対応がされ、それでもほとんどの子供は問題なく育っているのですが」と疑問を呈した。

殺してはなぜいけない

「ボクは殺しが愉快でたまらない　人の死が見たくてしょうがない」。少年Aの事件ではこの「犯行声明」の言葉が社会を戦慄させた。しかしその後に続いた青少年による殺人事件でも、「心の闇」の表れのような不可解な動機が明らかになった。3年後の豊川主婦殺害事件の男子生徒は「人を殺す経験をしてみたかった」と供述、2014年の女性殺害事件の被疑者である名古屋大学女子学生は「幼い頃から人を殺してみたかった」と話し、犯行後に「遂にやった！」とツイッターに書き込んで遺体をカメラで撮影していた。

翌年には北海道で19歳少年が「殺してみたかった」と殺人に及んだ。以前にも友人に毒物のタリウムを投与していたこの名古屋の女子学生のような例をとらえて単に「異常」と片付けるのではなく、識者からは「現代社会でいのちが軽んじられている」(弓山教授)、「いのちの重みを学ぶ機会が社会に欠落しているのではないか」(今岡副所長)との指摘がなされる。

「いのちの教育」で、犯罪のケースに関連して「なぜ人を殺してはいけないのか」という問いへの対応が論議される。今岡副所長は「己が身に引き比べて、殺してはならぬ。殺さしめてはならぬ」との『ブッダの真理の言葉(ダンマパダ)』を引き、「『己が身に引き比べ』がポイント。あなた自身が殺されるとなると恐怖を感じることを思えば、他人の恐怖に思い至る。同情、共感が本当にできれば殺生の抑止力になる」と話す。実は当のAが社会復帰後の15年に出版した手記『絶歌』には、この問いに関する記述がある。「どうして(殺しては)いけないいかは分かりません。でも絶対にしないで下さい。もしやったら、あなたが想像するよりもずっと、あなた自身が苦しむことになるから(傍点はA)」。少し後段に「生命は無条件に尊い」「自分は生きている。その事実にただただ感謝する時、自分がかつて(被害者から)『生きる』ことを奪ったという事実に打ちのめされます」とも書いているが、ここには他者への共感よりも自分への愛着が強く出ているように見える。同書は「身勝手」「反省が見えない」と批判にさらされた。

だが、疫病で家畜を大量に殺処分、原発事故で多くの生命が見捨てられ、強国が武力で侵略戦争を続ける、そんな社会で「殺すな」という〝言葉〟だけではなくいのちをどうしっかり教えるのか。小原教授は「宗教的規範が強い社会なら『神仏の命令』で納得されるが、そうではない日本社会ではロジックは結論の押し付けになるので、答えを急がずに〝物語り〟で考えさせるのがいのちの教育につながる」と提起する。具体的には「例えば小さな子や老人という自分とは違う人、人間以外の生物などに触れ合う実体験。指先で触れるのはスマホ画面だけという若者も、例えば土を掘ったり虫をつかんだり自然の生命に接することが大事です。そこにはゴキブリもいるし蚊を叩き殺すこともある」。面と向かって話すよりもSNSの情報やり取りだけでかっとなって殺害する、「そういう人にデジタルでは分からない世界があることを知らせるのです」と力を込めた。今岡副所長も「かつてはザリガニ捕りで指を挟まれて生き物のいのちを実感するような場もあった」と言う。そして「少子化で一人っ子が増えて意識が社会化されず、一方で物的豊かさを求めて心に余裕のない管理社会なのが問題」と背景に言及した。

心の闇受け止める

自分の生に対する無価値観、弱肉強食の考え、人命を動物などと同等視する「等価思想」、共感能力の乏しさ――。少年A事件の審判で家庭裁判所に提出された鑑定書はAの複雑な精神構造をこう分析した。更に自分や周囲の事に現実感を失う「離人症」、都合の悪い事を無意識的に「ない物」とする「解離傾性」。中でも性衝動と暴力が結びついた「性障害」が事件に深く関わっており、収容先の関東医療少年院での更生は、多重的に積み重なった問題点を「一人の少年に大人たちが束になって何とかしようということ」と審判関係者は明かした。特にAの家庭での成育過程が問題視され、女性医官らによって「赤ん坊を包み込むように育て直す」ような5年余りの特別な処遇計画が練られた。処遇の中には生きた魚を飼う、幼児の人形を抱かせていのちを実感させるという「生命尊重教育」があり、自分が犯した罪と向き合う「贖罪教育」には、他の事を考えから排除して何日間も自分の意識を見つめ反省する「内観療法」もあったと関係者は説明する。Aは被害者遺族の本を読むなどして激しい悔悟の念、罪の意識を抱いたという。

２００4年に少年院を退院したAの手記『絶歌』ではしかし、「書くことが唯一の自己救済、生きる道」と自分中心の記述が見られ、遺族感情を深く傷付けたことで、元少年院長は「彼の矯正教育は失敗だった」と語ったことが報道された。彼はあまりに特異なのか。

実はAは小学生時代から近所の池でザリガニ捕りや自然に親しみ、一方で教師に暴力を注意されると「踏みつぶされるアリの気持ちが分かりますか? アリも猫の命も皆同じ。人間は牛や豚を殺しているが、人間だけがだめというのは身勝手な考え。誰も他人の痛みをわかるわけがない」と反論した。事件前には殺した猫の死体を友人に分かる場所に置くなど「心の闇」を吐露するような〝サイン〟を発していたが、学校も児童相談所もそれを受け止める余裕はなかった。いのちの教育も無力なのか。そんな疑問に、児童福祉関係者は答えた。「Aの場合はサイコロを10回投げて全て同じ目が出たような稀なケース。だが1度でも違う目が出ていたら最悪の結果にはならなかったかも知れない。そう信じて取り組むしかない」。

少年Aがザリガニ捕りをして遊び、事件後に凶器を捨てた池（神戸市須磨区で）

ではどうするのか。学校での「道徳」という形でのいのちの教育について小原教授は「最新の道徳教科書でも『大自然の力』『人間を超えたものへの畏敬』といった記述があるなどそれなりに力は入っている。要はそれを教える力が教師にあるかだ」としつつ、歴史的に見ると道徳は戦前の「修身」であり、「国家が上にある〝国民道徳〟で、『いのち』は『日本人の生命』。結果として他国民への戦争に利用されたその暗部への反省が欠けているのは問題ではないか」と指摘する。そして例えば、「宗教ならば、人種や国を超えるものであるはずだし、懺悔と自己省察から始まるもの」とその役割に期待を語る。

また僧侶として、「人を攻撃しようと思う怒りや欲望は執着から起こる」とする今岡副所長は、「執着から離れれば怒りは静まり、相手の気持ちに共感できれば攻撃する気持ちが収まる。日々そのように気持ちを静める訓練が大切で、相手を慮るのが利他の精神。仏教者はそのようなことを説き続けるべきだ。何でも他と比較して不足を嘆く世の中で、これで十分と心の持ちようを変えるのは宗教の力です」とやはり学校教育とは違う視点を強調した。では、少年Aと宗教との接点はあったのだろうか。

2　いのちを説く聖たち

生き物とのふれ合い教える

木々の茂った寺の境内に小さな子供たちが自由に出入りする。好き勝手に遊ばせてはいるが、危険な事やいたずらが過ぎると「だめだよ！」と大声で注意する。浄土宗総合研究所の今岡副所長（69）は千葉県市川市にある善照寺の住職だ。「自然の中で友達と遊ぶような触れ合いの中で、互いのいのちの痛みやしてはいけない事などを学ぶことが有意義。学校教育では不足しており、寺はそういう役割も果たすべきです」と力を込める。少年Aにはそういう体験がなかったのか。

Aと宗教との接点をうかがわせるエピソードが『絶歌』にも関係者の話にも出て来る。少年鑑別所に収容されたAに母親が観音菩薩のプレートが付いた数珠を差し入れ、彼はそれを大事にした。少年院を出てからは各地の寺巡りもし、奈良・中宮寺の弥勒菩薩像が気に入ったという。

そもそも事件の審判決定書は、その供述からAが「小学5年の頃、かわいがってくれた祖母が死んだために死に興味を持ち、ナメクジやカエルの解剖を始めた」と、彼の心に「闇」が形成されたきっかけを記す。手記には祖母が入院前に別れを告げた際に「指先からほのかに線香の香りがした」とあり、いつも仏壇に合掌する信心深い祖母だった。だが病院で亡くなった祖母に接し、遺体を「冷たく固い得体の知れない物体」と感じてパニック状態になったと告白している。そして自宅の祖母の部屋で位牌を前に妄想にふけるようになる。逮捕される2週間ほど前、Aは「墓参りに行きたいので数珠がほしい」と母親にせがんでいた。犯行への悔悟かどうかは本人も「分からない」というが、鑑別所での差し入れはそれだった。

だが、これらはいずれも「宗教の表象」であり、そこに宗教者の声、姿は伺えない。「最愛の祖母が死去して葬儀が営まれた際にでも、法話で死の意味、いのちの大切さが彼に説かれることはなかったのか」。そう悔やむ宗教者がいる。神戸市の地元で毎年、追悼法要を営む須磨佛教会長の善本・順照寺住職は「法事ででも故人は亡くなってどうなるのか、浄土についてしっかり伝えます。それが寺や僧侶の責任」と話し、今岡住職も「来世に極楽に行けるかどうかこそがいのちにとって大問題と説くこと。この世は苦に決まっているが阿弥陀様に救われて安穏になるのだから、あくせくしなくていい。そう気付く発心が大切です」と語る。

同志社大学教授である小原牧師は「葬儀は世代を超えて人が集まり、いのちを考え、いのちを送り出す大事な場。お坊さんが一般の人に最も接する機会でもある」と指摘する。自身も教会で葬儀を執り行う際には故人の生涯の振り返りを重視した。生き様やキリスト教とどのように出会ったかも語ることで「その方のいのちがいろんな人に支えられ、いろんな人に影響を与えて来たということが分かります」。生前でも同じだ。かつて病院やホスピスで何人もの末期患者に寄り添った。そこでは本人も家族もやがて来る「死」に向き合う。小学生から「おじいちゃんは死んだらどうなるの?」と尋ねられることもある。子供が自分の問題として考えることができている時に、それにきちんと応答できるかどうか肝要だという。「そうすればおじいちゃんの死を前に、子供も『自分も死ぬんだ』と生と死のあり方をリアルに感じる。これも、宗教者がすべき重要ないのちの教育です」。

Aを変えた修道士

実は少年Aに事件後、少年院で大きな影響を与えた宗教者がいた。ドアの内側にノブのない個室で終始カメラに監視され、午前6時半から始まる日課をこなしていたAは収容から何年かしたある日、浴室に行く際に廊下で出会った見なれぬ小柄な外国人に声をかけた。「How are you?」。「Fine, thank you」と答えたいかつい顔のそのスペイン人は、カトリック教会イエズス会のマヌエル・エルナンデス修道士（87）だった。修道院での仕事と並行して教誨師、篤志面接委員として少年院を回っていた。「あの事件を起こした僕を知らないのですか」という態度のAに、「君のした事は知らないし、興味もないよ。子供たちは皆同じだ。話したくなければ聞かないけど、話すなら私は厳しいよ」とエルナンデス師は応じ、2人の対話が始まった。

Aが自らの犯罪を語るのを黙って聞いた後に伝えた三つの言葉を、師は「どの入院生にも言うこと」としながら振り返る。「一つに、この世に理由のないことはない。二つ、世の中に悪い人はいない。誰にとってもあなたにとっても一番大事なものはいのち。だからあなたのいのちも自分だけのものではなく、それを良いことに使えるあなたは悪い子ではない。

エルナンデス師はこのパネルを少年に示して話をする

なのになぜ少年院にいるのか。自分自身を深く知ってこれまでの殻を破りなさい」。

そして、手製のパネルを示しながら「三つ目が、人事を尽くして天命を待つ。『尽くす』は自分の両親や家族、心配してくれる人たちのためにです。人は人に支えられて生きている。だからあなたも人に尽くすのです。あなたが失った信頼を取り戻すまで。今後少年院を退院してからも」。ややたどたどしい日本語で噛みしめるように師は強調する。「欲望に対して『我慢』と『忍耐』の違いが分かりますか？ ただ抑えるだけの我慢は風船のように息の力を入れすぎると破裂する。忍耐は将来を考えることです。事件を起こすのは自分のことしか考えないから。家族のことを考えたら悪いことをしようと思いますか？」。

他にも多くの話をし、「一生懸命に目に見える感謝をしなさい。自分を変えるのです。そうしないと社会に出ても同じ非行を繰り返すよ」とたたみかけるエルナンデス師にAは「分かりました」と答え、後に師との面接の喜びを少年院の教官に伝えている。事件犠牲者たちの遺族の手記、そして自らの父母の悔悟の手記も読んだAは、社会復帰後に書いた手記『絶歌』で、何よりも両親や家族に多大な心配と迷惑をかけたことを繰り返し真剣に悔いている。そこには師の話の影響が明らかに伺える。だが、師はAの変化を評価しつつも、同書の出版で「被害者の家族を更に苦しませるのはいけません」と批判する。

もし過去にAが宗教者の話を聞いていたら事件は防げたのか。「宗教の力で何かができたのか、それは分かりません。Aは自分の意思ではなく、誰にも内心を話せず暴走したのでしょうから。本人の考えが変わらなければ」。そういうエルナンデス師は1955年に来日して以来、各地の更生施設で何万人もの少年に接してきたが、自分からは宗教の話はしない。しかし一方でこうも訴える。「行動が変われば習慣が変わり、習慣が変われば人格が、そして運命も変わる。神の言葉があなたの内に働いている。宗教は苦悩を消すのではないが、それを乗り越える力を与えてくれます」。キリスト教も仏教もどの宗教も、「基本的にはいのちの重さと生き方を教えているという意味で正しいのです」。

エルナンデス師がイエズス会に入ったのは「人を喜ばせるため。最も弱い、小さくされた人々に尽くすためです」という。スペインの片田舎で育った青年時代、「車を乗り回して遊び、朝帰りするような暴れん坊」で、宣教師に教会に入れられて黙想をさせられ、自分の生活が親を困らせていたことにようやく気付いて泣いた。またある日、道端で目の見えない老女にサンドイッチをあげてとても喜ばれ、味わったことのない幸せな気持ちになって「人の幸せが自分の幸せになるんだ」と思い至った。それが、師が青少年に人生の意義を説く原点のようだ。神父ではなく修道士になったのも「イエス様のように人々に近いところにいる普通の人でいたい」から。まさしく「聖」だ。戦後しばらくして日本に派遣された際は、貧しさから罪を犯して少年院にいる子供を救いたい一心だった。

教会ではミサの後に灯りを消したり黙々と掃除したり下働きに徹している。剃り上げた頭に鷲鼻という風貌ながら優しい笑顔に、所属する上石神井修道院でも訪れる信徒から「パパ」といつも声がかかり、相談事も多い。「苦しみを抱えて教会に来る人を黙って受け入れるのが仕事です」。毎朝4時に起きて1時間祈る時は、イエスに「あなたのように皆を温める太陽に、誰もが踏みしめる道に、自らを消して人を喜ばせるロウソクや塩になりたい」と呼びかける。

少年院での仕事もそれとまったく同じだ。一人ひとりの成長を願い、こちらからは宗教の話をしないのは、「少年たちが『何だ、僕らのためじゃなくて自分が布教したいから来てるのか』と思ってしまいますから」。更生施設が充実していなかった時代には教会に寄付された衣類や食料品を届けた。少年らが仲良く過ごせるように、各地の少年院にサッカーのユニホームを贈った。

少年院で話す時に少年たちに示す自作のパネルがあり、Aにも見せた。卵の殻を破って咲いた花の上で少年が陽光を浴びる絵の横に、祈りの言葉と括弧内の呼び掛けを対応させた標語が書いてある。「神様、私にお与えください（あせるな）自分に変えられないものを（おこるな）受け入れる落ち着きを（いばるな）変えられるものを（くさるな）変えていく勇気を！（おこたるな）そして2つのものを見分ける賢さを」。聖書の言葉に基づくが、「宗教は少年たちが社会に出てから自分で見つけ選ぶもの」と話す。ただ、「キリストってどんな人？」と問われると「人に尽くす男の中の男。真似すべきだよ」と答える。

エルナンデス師は少年院での目標を「自分自身と出会うこと」とする。大事件を起こしたAにも、19歳になった時にこんな問題を出したという。「自分はサル、マムシ、キツネのうちどれに似ているか」。サルは好奇心、マムシは自己過信、キツネは自然の厳しさを象徴しており、自分が何故それを選んだかを考えさせる。「例えばキツネなら自然の中ではライオンに襲われたら家族を守るし、子供でも厳しい環境で自立して餌を取らねば生きて行けない。動物にも学ぶことがあり、そういう自分を見つめて20歳になったら自分の力で生活しなければならない、と諭します」。日本社会が贅沢に、モノへの欲望にあふれるようになり、かつての貧困による非行から「今は贅沢から生まれた堕落。その中でパッとはじける快楽に流される花火のような生活を選ぶならば、行くところは病院か刑務所か墓場だけです」と少年たちに訴える。

少年犯罪は決して増えていない。警察庁「犯罪白書」によると、2015年に刑法犯として検挙・補導された少年（14～19歳）は3万8900人。前年よりも19・5％減っており、最近では03年の14万4400人をピークに12年連続で減少を続けている（注：2018年は2万3400人で前年比12・2％減）。殺人など凶悪犯に限っても減る動きで、全体に占める割合も横ばい。少年院入所者は15年に2743人とこれも前年比4・5％減、この20年ではやはり2000年の6052人を頂点に減少傾向だ（注：2018年の入所者は2108人）。だが、再入院あるいは成人後の刑事施設入所の率を見ると、最新統計では「退院してから2年以内に再入院入所」が11・8%、「5年以内」は21・7%に上昇しており、この率はここ10年ほど大きな変化はない。

少年院でAら非行歴のある多くの少年に接してエルナンデス師は「子は親の鏡」だと実感するという。少年Aの場合も両親の教育が問題視された。虐待もだが、子供時代の親からの影響が青年期以降もずっと続く。しかし子供の側は「虐待されても食べ物を与えられなくても親を訴えたりしません。子供は何でも見通している神様なのに親はしっかり向き合っていない。非行が起きたら鑑別所に入るべきはまず両親。夫婦としてどうなのか、きちんとした会話があるのか。お互いに孤独で話さなければ子供も居場所がありません」と語気を強めた。自らが来日してから半世紀余りで世間が変わり、「自分は自分、自分のいのちは自分のものと考え、身勝手になった。子供も感謝の気持ちがなく、何かしてもらうのが当たり前になっています」と師は語る。

「人」という字は支え合っている姿。「宗教にできることは、『君は一人じゃない、多くの人に支えられて生きている』と訴えること。いのちを教えるとは、要はそのことに気付かせることです」。そして、その人間が何をしたかではなく、これから何をするか。「犯罪に至ったのはどんな環境に育ち、どう生きて来たからなのか、それを知らなければ間違います」と強調する。「人はネガティブな事を考えたら〝鬼〟になる。神様やお釈迦さまの事をポジティブに考えるのです」。自身が朗らかなのもいつもポジティブだからと頬を緩めた。

エルナンデス師が青少年にいのちを説く際は、布教者ではなく友人として接する。「口先ではなく目に見える行いが大事」ということを自らも実践する。本当の愛は人に親切にするが感謝を求めないこと、与えることであり待つことではないと信じるからだ。「でも私はまだ至らぬ人間でそれができていません。イエス様、私を導き、もし私が道を間違えたら後ろから蹴とばして下さいと祈るのです」。

非行を重ね少年院で師が教えたある青年が社会復帰したが、妹2人を養うため過労になるまで働いた末に倒れ、がんで入院した。末期で手術を繰り返す合間に「洗礼を受けたい」と渇望し、病院で知人の神父が授けた。見舞いに行ったエルナンデス師に病床で点滴チューブを付けた青年は「お父ちゃん、受けて良かった」と微笑んだ。「私の行いを見て信仰を得てくれたのです」。修道院の壁に懸かったその青年の遺影を見やる師の目がきらりと光った。教誨では、いくら説いても本人が変わろうとしないなど困難も多い。しかし「私はイエス様といるから怖い事は何もない。でも神様にもできない事がひとつだけある」と真顔で一瞬口を結び、そして「悪い事ができないんだよ！」と豪快に笑った（エルナンデス師は2019年11月に昇天した。直前に来日した教皇フランシスコに謁見できたことを喜び、死の数日前まで仕事に励んでいた）。

佐世保女子高生殺害事件から

長崎県佐世保市のその小学校と県立高校とは市中央を流れる佐世保川を挟んで東西にほぼ等距離の高台にある。2014年7月27日、上空を飛び交う報道のヘリコプターに「何事か」と驚いた元県教育委員長のピアノ教師冨田みどりさん（82）は、前夜に起きた同高校1年女子生徒による凄惨な殺人事件をニュースで知り大きな衝撃を受けた。ちょうど10年前に同小学校で女子児童が同級生女児をカッターナイフで首を切るなどして殺害した事件以降、教育委員として現場で「いのちの教育」に熱心に取り組み、一区切りついた矢先。しかも加害女子生徒の実母は教委のかつての同僚だった。女子生徒は市内の自宅マンションで同級生女子の遺体を激しく損傷しており、「人を殺してみたかった」と供述した。以前からネコを殺して切断するなど異常な行動が見られ、神戸の事件との類似性が社会にショックを広げた。

04年の同小学校の事件では被害女児の親友だった冨田さんの教え子が不登校になり、自宅でトイレに鍵をかけて閉じこもる状態が続いた。同様に児童らに不安が広がった。ＰＴＡや地区自治会、福祉関係者らで「学校支援会議」が設置され、冨田さんも週に何日も学校に通っては子供たちに寄り添い続けて来た。放課後の「子ども教室」ではコーディネーターとして、自身も音楽指導やいのちの重さを描く本の読み聞かせなどをする。校舎でわいわい騒ぎ立てる一人ひとりに目を見て挨拶を交わし、「靴を揃えて」「後の人のために掃除しようね」ときめ細かく接する。柔らかい心に水が染み込むように説くと、たいがいの子は「はーい」と素直に答える。団子づくりや折り紙など行事は多彩。数十人の児童に住民ボランティアが１２０人と地域ぐるみで世話をしており、活動発表会では司会の冨田さんの「みんな、頑張って」の声が体育館に響いた。

中でも重要なのが事件の起きた6月1日に毎年開く「いのちを見つめる集会」。２０１７年は体育館で１２９人の児童が学年ごとに「友達の気持ちを考えて皆で仲良く助け合います」などの「決意の言葉」を大声で発表し、「４つの約束」を確認した。「自分のいのちを大切に」「人のいのちも大切に」「動植物の小さな命も大切に」「友達に思いやりの態度で」。「日頃の心の持ちようこそ、いのちの教育。人と人とのつながりを教えることが大事です」と冨田さん。学校ではこの「約束」を佐世保大空襲の6月29日、長崎原爆の日、12月の人権週間にも児童らに繰り返し指導する。

こんな努力の積み重ねの前に起きた女子生徒の事件に冨田さんは「やはり家庭が一番問題。贅沢はさせても金銭的価値だけで感謝の心は教えられていないのでは」と顔を曇らせる。資産家の父が与え、市内の目抜き通りに面した高級マンションが女子生徒の犯行の舞台だった。「取り組みをもっと強めなくては。どんな子にも、ちょっといたずらでもする子はなおさら目をかける。大人は何度失敗しても決して諦めずに接するしかないのです」と意を新たにする冨田さん。「人間として生まれた大事ないのちは人のために使わなくてはいけない。自分も人に助けられて生きているのだから。そのような情操教育が公的にも必要ですが、お寺ももっと青少年の身近な存在になって触れ合ってほしい」。そう付け加えるのは、市内の浄土宗九品院の檀家総代であり代々の熱心な信徒だからだ。

「死んだ人が生き返ると思う」15・4％。そう思う理由は、「テレビや映画で観たから」「ゲームでリセットできるから」。佐世保市の小学校で起きた女子児童による殺人事件を受けて2004年に長崎県教委が3600人の児童生徒を対象に実施した「生と死」アンケートの結果が話題を呼んだ。

「あの事件で目覚めました」。そう打ち明ける九品院の小田義海住職（82）は「もっと若い人たちと交流しなくては」と当時、市仏教連合会長として加盟55か寺に「僧侶が務めて語りかけ、悩みに耳を傾けよう。結論は出せなくても傾聴しよう」との声明を出した。「1か寺あたり2人の坊さんでもかなりの力。毎日の檀家回りや月参りでお年寄りと茶飲み話だけでなく青少年に声をかけようということでした」。しかし、実際には全体ではなかなか続けられなかった。相手が話をきちんと聞いてくれない。「敷居が高いと思われているのはまだいい。『別に……』と無視に近いこともありました」。寺はもっと門を開けるべきだ、と痛感した。

若い世代のいのちに対する思いが軽くなっていると小田住職は感じる。「自分のいのちなのだからどうしようと勝手だと言わんばかりです」。「水子供養」を依頼して来た夫婦が「また作りますよ」と言った。「違うよ、授かりものなのに……」と思わず返したという。住職は「自分だけのいのちではなく先祖からのもの。若者は『ご先祖様』じゃ納得しないが、作ろうとして作れないかけがえのないいのち、あなたも含めてこの世に必要とされないいのちはない、と粘り強く説くしかないでしょう」と僧侶として気持ちを引き締める。法要では和文も含め若者にも理解できるように経文を読む。「苦の衆生を救摂せん」と説く善導大師の「発願文」もだ。

この日も午前中の葬儀で「故人のありし日の姿を浮かべて供養しましょう」と呼びかけた。葬儀は亡くなった人とのいのちの関わりを説く機会だと考える。話しぶりは「往生とは『往きて生まれる』ということ。この世は限られているが、往生の先の魂の故郷である極楽浄土には皆が、ご先祖が生きて待っている。目には見えませんが、そこへ帰っていくのです」とかみ砕くようだ。仏教者としての〝持ち場〟でいのちを説くのは、仏教連合会での毎年の花まつり（釈迦の誕生日）行事も同じ。だが、いつもその会場に使う島瀬公園のすぐ近くで女子生徒による残虐な殺人事件が起きたことに暗澹たる気持ちを抱えた。

小田住職と会で共に活動する茨木兆輝・曹洞宗西蓮寺前住職（87）は「家庭の問題が大きい」と言う。「赤ちゃんは仏の世界から『ここがいい』と願って生まれて来る」と常々法事などで「願生」ということを説き、「仏性」について子供にも「君もダイヤモンドの心を抱いて生まれたのだから、それを磨くためにしっかり生きよう」と手を握って諭す。そのようないのちの仏教説話などの紙芝居をもう40年以上も各地で上演し続けて来た。「それが私の生き方の支え」と語る2人の僧侶は、10年を経て繰り返された悲惨な事件に「まだまだすることがある」と決意を新たにする。小学校で植物を育てる「いのちの教育」を募金活動などで支援している。「でもやりっぱなしではなく、これからは実際に見に行って子供らにしっかり訴え掛けます。それが坊さんの役目だから」。

大学での死生学講義

少し広めの教室で男女30人余りの学生、大学院生たちが真剣に聴き入る。関西学院大学（兵庫県西宮市）人間福祉学部、藤井美和教授（58）の「死生学」ゼミの卒業論文発表会だ。「自殺大国」と言われる日本の現況に注目した女子学生は、自死を念慮し踏み止まった20代の女性5人に聞き取り調査した。孤立感や自己嫌悪で「死にたい」と苦悩する状態から立ち直らせたのは、「お前、そのままでいいじゃん」と友人に言われたなど「丸ごと存在を受け入れられる経験」、仕事など何かに役立っているという「新たな自分の発見」だった。

また「生かされている」との信仰心も支えになると結論付けると、質疑で男子学生が「自分も死にたいと考えたことがあるので興味深い」と感想を述べた。子供を病気で亡くした親の悲嘆をテーマに手記を研究した学生は、父母が苦悩の中からも「わが子は私たちにいのちの重さを教えるために闘病し亡くなった」などと新たな「気付き」を得ることが多いと述べた。「人を教科書に当てはめて分析するよりも、その人その人の悲しみがあるのだと感じた」。

「死生学とは、死自体やそのプロセスだけでなく死ぬということも含めた生を考える学問」と語る藤井教授は自身、難病の後遺症で障がいを持つ。99年から講義とゼミを続け、重病患者や遺族の話を聞く授業も交えて多くの若者たちに「いのち」を考えさせてきた。ある学生は大阪のホスピスで死期間近の患者に好みの料理を提供する「リクエスト食」を研究し、患者たちの「おいしくて元気になった」「皆さんに助けられて生きてるんや」との言葉に、「生に密接に関わる食への思いが自分の生涯を肯定的にとらえるのに役立つ」と明らかにした。出産や育児への悩みを抱える女性に聞き取りを通じて寄り添い、それを職業に選んだ学生もいた。

教授はまた学生に、自分ががんで命を失っていくことを想定し、その中で大事にしてきたもの、支えられた人のことを考える疑似体験の授業も実施している。「自らの問題として死を受け止める。そのいろんなものとのお別れや諦めの過程で自分にとって意味あるものは何か、どんな生き方をするのかを感じ取ってほしい」と。多くの学生が「肉親」や「愛」などを大切なものとして挙げ、「当たり前の生活がどんなに素晴らしいが分かった」などと気付く。授業後に「死を前にして伝えたいこと」を書かせると、『ここまで育ててくれてありがとう』といった感謝、『天国から応援してるよ』などの思いやりが多い。学生は変わります」。中には「最期まで自分を見失うことのないような精神的支えがほしいと感じた」「自分は生かされてここにいる。人間を超える何かがある」との感想もあった。

医療、福祉関係者や僧侶も聴講に訪れる。若者も様々な人生の悩みや苦しみを抱えている。親から虐待された、自傷を繰り返す……。親族が次々に無念の死を遂げた女子学生はいのちへの問いをぶつけて来た。藤井教授はその学生に卒業後も寄り添い、彼女の結婚式ではバージンロードを一緒に歩いた。「力の弱い私が逆に体を支えてもらった」。そう微笑む教授は「世間の生死に関する出来事を『当たり前』と思わない。いのちを遠くから論評するのではなく、皆が1、2人称の事、自分に引き付けて考えてくれるようになった」と講義の手応えを話す。そして「若い子も本当に重いものを持って生きて来たことが分かり、私こそ教えられた」と。

藤井教授が死生学を研究し、教えるようになったのは自らの壮絶ないのちの体験からだった。大学を出て新聞社に入って6年、記者として新たな企画に取り組み始め、激務ながら日々が充実していた28歳の時に難病に襲われる。突然の激しい頭痛から数日で全身にマヒが広がり、瞬きもできず呼吸困難になって救急病棟に担ぎ込まれた。意識だけは清明な中で医師に「今晩、頑張りなさい」と死の危機を告げられ、「これで終わるのか。自分の人生は何だったのだろう」との思いが心の底から湧き上がった。「人のために何かして来たのか」と考え、真っ先に家族の事が浮かぶ。「大切な家族に何もしていないうちに死にたくない。神様、もう一度チャンスを下さい」とポロポロ涙を流しながら懸命に祈った。

3歳の時にプロテスタント教会で受洗、14歳で信仰告白した。「身勝手な祈りでしたが。神様がどんな時も一緒にいて下さるという信仰を持って育ったのが人生で最大の恵みです」。命は取り止めたが「一生寝たきりか」と診断された。だが「もう一度いただいた命を何か意義あることに使いたい」と2

年半、入院治療とリハビリを続け、普通の生活ができるまで〝奇跡的〟に回復した。新聞社を退職し、自身の体験から死に往く人のケアを学ぶために関西学院大学に編入学、米国にも留学してホスピスやスピリチュアルケアについて研究し病院などの現場で実践も身に付けた。その延長に教壇があった。

その体験に基づいた信念は信仰に根ざすという。生死をさまよった時、見舞いに来る母はいつも何も尋ねずニコニコしていた。看護師が訝ると、「娘に会えるのが嬉しいのよ」と答えたが、家では「病気の事は何もできない。神様にお任せするしかない」と娘のために泣きながら祈っていたと後で知った。病院で多くの医療者が「頑張ってね」と励ます中で、血圧測定をした後もベッド脇に立ったままの看護師がいた。目が合うと「藤井さん、辛いね」とボロボロ泣いていた。「言葉ではなく一緒に泣いてくれる人がいる、何もできない私をありのまま受け止めてくれる、そのことが大きな救いでした」。藤井教授は「私の目にあなたは価高く、貴く」という聖書『イザヤ書』の言葉を挙げ、「最も弱く小さな人に神は顕れる。あなたはそのままで生きていていいんだというのが根本です」と語る。「あの時に神を知らなかったらその後の人生は苦しかったでしょうね」。

藤井教授は思う。何かができるから立派なのではない、イエスの物差しには「常に尊い」という一点しかない。他者の苦しみが全て分かるはずはないが、その限界があっても一緒にそこにいて関わることで相手も「この人のようにここにいていい」と安堵する。自己存在を肯定できないところにいのちの痛みが生じるが「自分が何らかの理由で自分を肯定するのではなく、どんな状況でも肯定できる。それができるのは愛されて赦されている、肯定してくれる神がいるからです」。

その考えが教育にも生きる。「真理に至る道はいろいろあるので」学生に信仰を伝えることはないが、「いのちは作れない。合理的観点からは語れない」と説く。いのちの教育の「マニュアル」でも「命は大事」との言葉でもなく、価値観として身に付いていることこそ重要だと強調する。「人生をしっかり生きてほしい」と伝えたメッセージが将来、いつか思い起こされ自分の周りを見直すことになれば良い。「例えば死の時でもいいのです」。

「死の体験旅行」

自らの最期を仮想体験して「いのち」の意味を考える「死の体験旅行」という催しを、横浜市の浦上哲也・浄土真宗なごみ庵住職（44）が開いている。がんで重篤になり息を引き取るまでの過程をたどりながら自分の生と死を見つめるワークショップ。東京都内の寺で行われた会には、事前に申し込んだ20人が夕刻から集まって来た。スーツ姿の会社員、ジャンパーにスニーカーの若者や派手な化粧の女性ら様々な世代が、仏像が懸かったホールで両側に並んだ長机の前に壁に向かって着席し、2時間余りのプログラムが始まる。いつもは仏教の話をしないが、「涅槃会」（釈迦が亡くなった日）に当たったこの日、黒法衣姿の住職は「人間はなぜ死なねばならないのかがお釈迦様の問い。私たちも普段考えない死を考えましょう」と会の趣旨を説明した。

「死の体験旅行」で思いを巡らせながら大切なもののカードを床に捨てる参加者（東京都内の寺院で）

浦上住職は面識のなかった故人の葬儀や法事を依頼されることが多く、「人の死に僧侶としてどう寄り添えるのか」を考えて来た。自身も父親を亡くして身近な存在を失う大きな悲しみを初めて感じ、医療従事者向けの同じようなワークショップを体験した。自ら主催して取り組んだのは「死について考え、転じて生を考えることは人間の根源的な問いであり、仏教的なアプローチ法でもあるから」と話す。

ワークショップの冒頭、まず青や白など4色5枚ずつ計20枚の紙のカードが配られ、それぞれ自分が大切にしている物や事柄、思い出や人物などを記入するが、この段階で自らが様々な関係性の中にいることにはたと気付く人も多いという。俯いたままなかなか書けない女性、「こんな事でもいいのかな?」と何度も質問する若者もいる。

静かな音楽が流れて照明が暗くなり、死への〝旅〟がスタートする。住職のゆっくりしたナレーションに従って物語が進むたびにその大事なものを少しずつ手放し、書いた紙を床に捨てていく。「あなたは体調が悪くなり病院で受診しました」。住職の低いマイクの声を目を閉じて聞く参加者。病状が進行し、2枚、また3枚と紙を丸めて落とすかすかな音がする。「趣味のカメラ」「仕事」「ペット」……。

季節が移ろい、がんと宣告された時点までは比較的スムースにカードを手放していた人たちも、末期が近づき人間関係も希薄な状況になると紙を選ぶ手が止まりがちになる。「友人」「兄弟」。すすり泣きが聞こえ、口を手で押さえて涙をこらえる人、頭を抱えて深い息をする人も。何を最も大切なものとして残すのか。「最期の日」、住職の言葉で最後の1枚を捨てて臨終を告げられる時には、会場のあちこちから嗚咽が漏れた。

ややあって浦上住職が「あなたは今、生きています。大切な人や物を手放してはいません」と話し、参加者はため息をついて捨てた紙を拾い上げた。改めて、自分を支えてくれるいろいろな物事や人への思いが心の底からわき上がってくる。住職の司会で車座になって「分かち合い」の会に移ると、ほとんどの人が「最後の1枚」への思いを打ち明けた。

中年女性は「亡くなった父。変わった人だったけど、今話したい」。「夫」と答えた女性は「予想外でした」と言う。「人を捨てるのは辛かったけど、多くの人に助けられているので『感謝』を」という男性、生きがいの「歌」を挙げた女性もいる。「母」と答えた若い女性に住職が「普段仲良くしています?」と聞くと、「夫や子供と思っていたが、一番仲の悪い母が」と自分で意外そうな表情を見せた。若い男性や目を泣きはらした女性も含めてこの「母」の答えが圧倒的に多く、毎回そうだと住職は言う。

このように大切に残した「最後の1枚」を一通り話し合うと、浦上住職は「実際に死に瀕してもそうするとは限りませんね。でもそれを考える時間は大事。仏教は死のイメージが強いかも知れませんが、それを見つめながら全人生を視野に入れるのです」と参加者に説いた。企業勤務から縁あって僧侶になり、かつてワークショップを受けた自身も後の方に残ったのは自分の周囲の「人」のカード。最後の1枚を捨てる時は号泣した。もう100回以上ワークを開き、女性が7割という参加者の多くが「母」を残すが、印象的な反応もあった。20代の女性が「最期を母に看取られる」ことは先立って親を不幸にすることだと思い当たり、「母に早くに『もう構わないで』と言えず最後まで頼るのは自分のエゴ」と語った。「若いのにこんな気付きを得るとは」と住職も驚いた。

一方、この日のワークでは中年女性が「23歳の次女」を挙げ、「夫が残ると思いましたが。長女は結婚して幸せだけど、次女は病気なので守ってやりたい」と心境を吐露した。実母との葛藤で悩んで来たので他のものを残したという55歳の女性は「母親を挙げるなんて信じられない。生き辛く、生きることに積極的じゃないので、前向きになれるかもとワークを受けた」と言い、「とてもリアルで自分の出した答えにびっくりしました。一度人生を終えて自分への発見があり、これからは大事なものを大事に生きたい」と涙で目を赤くしていた。自らの死といのちへの眼差しにそれぞれの生き方が色濃く出ていると浦上住職は実感する。

死を迎える場所が病院というのが圧倒的に多い現代社会では「人々が死を視野から遠ざけているが、

もっと身近にとらえなくては」。今後、超高齢化などで在宅死が増えていくと今度は生々しく死に接する機会が生まれ、「あやふやな死生観のままでは不安になります」。真宗の僧侶である自身は「お浄土の存在でしか支えられない。でもそのような拠り所のない人はどう耐えるのか、そこに宗教者の出番があるはずです」と確信する。

ワークは直接的な教化活動ではないので通常は仏教の話はせず、住職が答えへ導くこともしないが、「誰もが大事なものを感じ取る。皆さんが自分がいかに大切なものに支えられているのか分かります」。それは自分の外側の世界ではなく、「内側。日常生活や普段の行動範囲の世界。そこにこそ自分を支えてくれるものがあり、そのことが生きている幸せです」。それを「『縁起』に目覚めること」と住職は表現した。「縁起」とは全ての事象には原因と結果があり、つながっているという仏教の教えの根幹だ。

ワークでそのような気付きがあれば、言葉で説教しなくても伝わる。その人の思い出に残り、将来に困ったり弱ったりした際に「ふと思い出し、自分も捨てたものじゃないと感じて下さればいい」。自死念慮者への手紙による相談をする「自死・自殺に向き合う僧侶の会」で活動を続ける浦上住職は、この自己肯定感、自らのいのちへの思いがいかに大事かを身に染みて感じている。

ワークへの参加が縁で後日に住職に悩み事を相談して来る人もおり、「この人なら聞いてもいい」と思われることが住職の喜びだ。自分が最後に残した「いのちにとって大切なもの」への思いを通じて、他の人々にも誰にでもそのようにかけがえのないものがあることに理解が深まれば、それこそ他者のいのちへの思いやりにつながる。「『いのちの教育』も、学校の授業よりも普段の生活を通して、自分が多くのつながりの中で全面的に受け入れられていると身をもって感じることができるのがカギではないでしょうか」。

子育ての場で

「風呂に入らない4歳の娘をまた叱ってしまった。子供には毎日が新しいことの連続なのに、それに寄り添えない自分を変えなくては」。寺院の広いホールに並ぶいくつかの机に分かれた40人余りの女性たちから様々な発言が出た。諸宗教の国際協力機関である「世界宗教者平和会議（WCRP）」の日本委員会女性部会が母親らを通じて「いのちの教育」を広めようと2017年11月、東京都内で開いた「子どもの自己肯定感を育むためのワークショップ」。参加者の多くは仏教、キリスト教や新宗教、イスラームなどの信徒で主婦がほとんどだ。講師が「子供は親に大きく作用される。喧嘩は自然なことだが、仲良く喧嘩するには互いの自尊心への敬意が基本」などと親子のコミュニケーションについて語り、自分と子供の関係を「要求」や「感情」「解決策」などで分析するワークシートや子供への「感謝の手紙」を書く。思い余って泣き出す母親もいた。互いの長所を紹介するグループシェアリングでは40代の母親が「自分にはいい所がないと思っていたが指摘されて気付いた。子供にもそうしたい」と述べた。

同部会の取り組みのきっかけは、自死が12年連続3万人を超え青少年の死因のトップとなった理由を探るため2010年から数年かけて実施した「いのちについての意識調査」。当初、各教団関係の中高大学などの計1455人から回収した回答では「いのちを大切に思えない」が4%、「死にたいと思うことがある」が11%だった。ところが宗教系ではない一般の学校を対象にした同規模の2次調査でも、それぞれの回答割合はほぼ同じ。「生きて行くのがいやになることがある」はむしろ教団関係の方が多かった。「驚きました。各教団でいのちについての宗教的教育をしているはずなのにと」。部会を運営する同委員会事務局の三善康衣さん（36）は子供らの自己肯定感の低さに衝撃を受けた。女性幹部でつくる部会で何度も論議の末、「学校よりも家庭、親が大事」と体験型のワークを2年前に始めた。

17年のワークでは、「スマホばかりで会話がなく、子の気持ちが分からなかったが、もっと話したい」

「自分を肯定できた時に他人も肯定できると分かりました」などの感想が。「手紙を書いて、子供への感謝と愛情が湧き上がりました」と言い、被虐待児を育てる里親として頑張る決意を述べる参加者もいた。

実際の日常生活で「いのち」にどう接するのか。祖父母からの熱心な立正佼成会信徒の三善さんは3歳の長男に対して、例えば台所でハエを捕まえても外へ逃がすか、もし殺してもゴミのように捨てずに「ごめんね」と土に埋めるという。「この子にも命がある、と言い聞かせます。息子にはハエが良いものか悪いものか分かりませんが、私の行動によっていのちに良い悪いの区別はないと気付いてくれれば」。多くの一般の家庭ではそこまではしないかも知れない。三善さんは「青少年の残虐な事件は人間を役に立つかどうかで区別する社会の反映。宗教者はそうではなく、そこにいることに絶対的な価値があるという肯定感を訴える使命があります」と訴える。

「神仏から頂いたいのちを差別してはいけない」。生まれた命も生まれる前も、自分の命も自分だけのものではないと信じる。物質的に豊かな日本社会ではモノがあふれて生きていることが当たり前になっていると、ＷＣＲＰの仕事で東南アジアの人々と交流して痛感した。「でも精神的豊かさがなければ空しい。そのために信仰を私は大事にするのです」。

第四章

死するいのち

1　終末期に安らぎを

あそかビハーラ病院

京都府城陽市にある「あそかビハーラ病院」で午前8時半、朝の勤行が始まった。玄関脇のホールにある阿弥陀如来像の仏壇前で毎朝夕、黒法衣の僧侶が読経する。同病院は、浄土真宗本願寺派が2008年に設立した全国3番目の仏教系緩和ケア施設だ。28床あり、がん末期を中心にした患者がこれまで計1100人近く入院した。「ぬくもりとおかげさま」という真宗の理念によって運営され、医師らスタッフ38人に混じって常駐する「ビハーラ僧」と呼ばれる僧侶4人が、患者の身の回りの世話をしながら悩み事などの話し相手になる。〝布教〟をするのでは全くなく、彼らはあくまで病院の職員だ（注：「ビハーラ」とは「安らぎ」「安息の場」を意味するサンスクリット語。転じて、仏教を基盤に医療や福祉の現場でケア活動をすることをそう呼び、日本仏教界では1980年代から様々な僧侶や仏教教団がそれに取り組んでいる）。

勤行には希望する入院患者が参列する。熱心に経文を追う高齢者、導尿器を付け車椅子で念仏を唱える患者もいる。花柄の可愛いパジャマにピンクの毛糸のベストを羽織った智代さん（55）（仮名）は背中

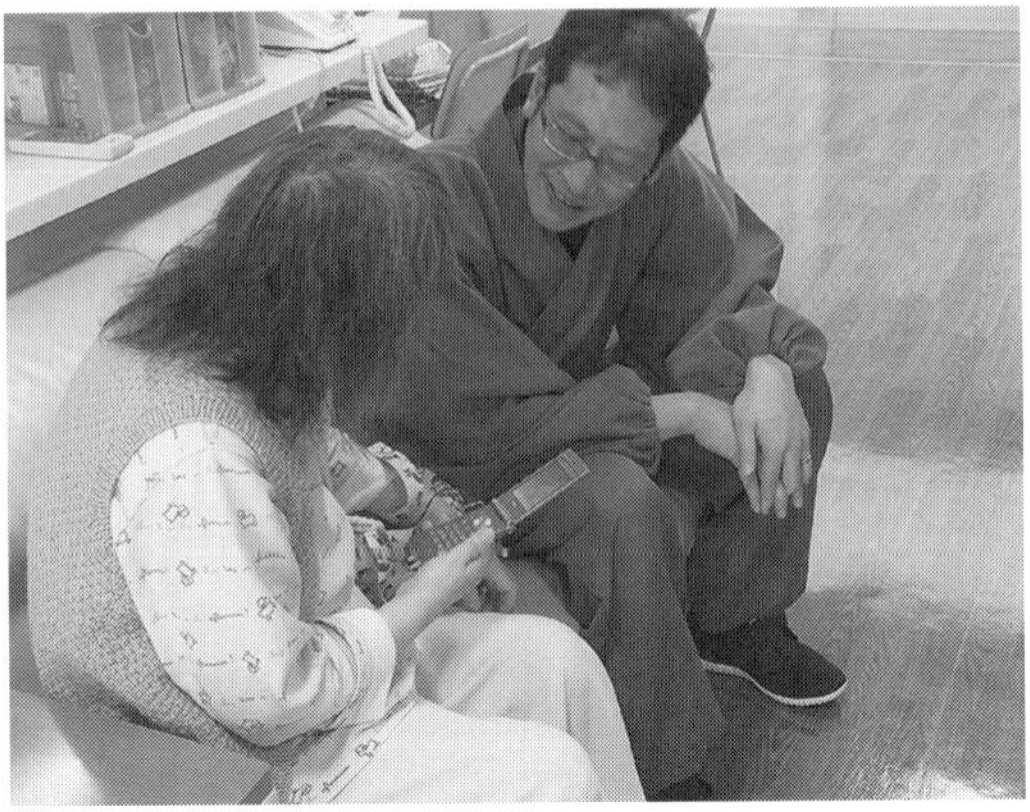

娘からの最後のメールを花岡さんに見せる智代さん（あそかビハーラ病院で）

を丸めてじっと仏壇に合掌している。重症の大腸がん。大学病院に入院中の２０１６年11月、見舞いに来た一人娘の朋さん(25)が翌日に電話しても出ず不安に思っていたら、次の日に自宅で遺体が警察に発見された。自死だった。

数日後、抗がん剤治療で猛烈に苦しんでいる最中に、来院した親戚に「朋が死んだ」と告げられ地獄に突き落とされた。夫も4か月前に亡くしており、天涯孤独になったことよりも、自らの死の病よりも、「なぜ朋が」という苦悩に苛まれる。見舞いの際はいつも笑顔で、その夜にも「おやすみ。待ってます」とメールをくれたのに。「いつ死んだのかも分からないのが辛い。何もしてやれなかったし、今も何もできない」。親戚が告げた言葉が頭にこびり付き「今も夢に出て来る」。そう訴える智代さんの目から大粒の涙があふれた。

「せめて遺骨を早く抱いてやりたい」との一心で過酷な治療に耐えて翌春に一時的に退院、誰もいない自宅に戻って骨壺に頬ずりした。その3月20日を命日と思っている。「お骨を預かってくれるから」と聞いて入ったあそか病院で、普段の智代さんは一見元気そうで明るい。

「お坊さんってイメージ悪いけど、ここへ来たら優しいからびっくり」。棺に入った夫の前で朋さんといる夢もしょっちゅう見るといい、「二人に『いつ迎えに来てくれるの』とよく言うのに、私おしゃべりでうるさいから来ないのかなあ」と笑った。勤行にたびたび出るようになり、「死ぬのはとても恐ろしかったが、あの世は皆が行く所で、待っててくれるとお坊さんから話を聞いて怖くなくなった」と話す。だが「周りの病室の人がいなくなると私もああなるのかと思うと怖い」と揺れ動く心も明かした。

智代さんの誕生日が近づいていた。ビハーラ僧の中で最ベテランの花岡尚樹さん（42）が「何かリクエストある？」と尋ねると「いちごショート大好きよ。握りずしも」。花岡さんは「緩和ケアは人生の末期を生き生きしたものにする場所。どんなに力があっても死は誰にも避けられない。それは患者さんも僧侶も同じで、死の前には無力な人間同士、同じ方向を向いて共に悩むのです」と自らの姿勢を説明する。

そして「智代さんの悲しみが、ただ悲しい苦しいだけじゃないということが真宗の教えにはあり、できればそれに触れていただきたい。娘さんが苦しんでいるのではという悩みに答えはないし、完全に癒されるわけではないが、阿弥陀様が救って下さるという教えに、私自身が触れて良かったから」と話す。智代さんは「お勤めしていても自分より娘がどうしているか気になります。お経を読んでもらえてありがたい」と言う。毎朝手を合わせるホールの仏壇の奥には、朋さんの遺骨が納めてある。

死への向き合い

「Kさん、眠い？」。あそか病院の病室でベッドに横たわる男性患者（65）にビハーラ僧の花岡さんが声をかける。「うん、追いかけられる怖い夢を見てた」。肺がんが骨にも転移して下半身が麻痺し病室にこもりがちな男性に、花岡さんは気を配る。手だけを動かして物を落とし、「もう夢も希望もない」と死を意識するのに対応してくれるよう看護師が僧侶の助けを求めた。花岡さんが月1度の「買い物ツアー」で近くのスーパーマーケットへ車椅子で連れて行くと、広島カープファンだと打ち明けた男性はチームのマーク入りのバッグを買って顔を輝かせた。枕元にはバッグと「C」の赤い野球帽が大事そうに置いてあり、男性は花岡さんが布団をかけると再び眠りに入った。

寺の三男に生まれた花岡さんは高卒で神戸の公立病院に事務職として勤務した。阪神・淡路大震災があった数か月後、未納の治療費を取り立てる業務を指示され毎日スーツ姿で仮設住宅を回ったが、被災者に「わしらがどんな状況か知ってるのか」と千円札を投げつけられた。人の助けになりたくて公務員になったのに「自分、何してんねんやろ」。

そんな時、公園で炊き出し活動をする僧侶の姿が目に入り、それがきっかけで仏教の勉強をして布教使となる。設立間もないあそか病院に入り半年後、同い年の男性患者に接して悩みも聞き出し、良好な関係だと思っていたら、突然「もう一人にしてほしい」と告げられた。布教使として傾聴にも自信があったのに、拒絶されることが怖くなる。深い関係を築いても患者が次々亡くなることに虚しさも覚えた。

同じ時期、花岡さんの1歳の次男が白血病で入院した。抗がん剤治療の苦しみで毎晩泣き叫んだが、ある夜、隣の病床との仕切りのカーテンがさっと開いた。そこにいた9歳の女児が「辛いね、しんどいね」と声をかけてくれた。てっきり苦情を言われるかと思ったのに、不意に向けられた優しい眼差し。相手と共に悲しみ喜ぶことが寄り添うということだと花岡さんは気付いた。

一般の医療は「生かす」ことに傾注する。だが治療、治すことだけが前提だと最期に医療は患者から手を離し、誰にも決して避けられない死への向き合いが抜け落ちてしまう。そこに、最期にどう関わるかという緩和ケアの意義があると花岡さんは説く。「病気だけでなくその人の人生や家族を思うことが重要です。終末期には何を是か非かとすると傷つく人もおり、人それぞれニーズが違う。その人の価値観に合わせるのが私の役割です」と。実際に病床で患者や家族に直に接してみて、「僧侶は人の生と死に向き合っている、自分も門徒の悩みや苦しみを聞いているとこれまで思って来たが、上っ面だったと思い知りました」。

緩和ケアには息をするのも苦しいなど身体の痛みを抱えた患者が多い。体の苦痛は薬で和らげられ沈静措置もあるが、「こうして死んで行くのか」という心や魂の痛みは複雑だ。「フィジカルペイン」に対して「メンタル、スピリチュアルペイン」と言われる痛みだ。終末期医療やホスピスの〝教科書〟としてキューブラー・ロスが示した「死の受容プロセス」の中の「否認」、「怒り」「抑鬱」を経た最終段階だ。死自体は受け入れている患者が泣き叫ぶようなことはほとんどないが、人生への悔いを訴える人はいる。「何でこんな目に遭うのか。地獄に行くのかも。何も悪いことしてないのに」と天井を見ながらポツリと話す患者に花岡さんは「そう思うのですね」と反復する。すると、「妻子のために頑張ってきたので……」と家族のことに思い当たり、その人の生き様が見えて来る。答えを言わずに受け入れ、その人から答えを引き出す。「決して話を逸らしたり、逃げたりしないという姿勢を示すことです」。

ビハーラ僧の仕事として花岡さんたちは、末期患者と近所を散歩したり将棋の相手もしたりする。自分は指せない女性僧侶は将棋倒しで相手をした。「楽しみを支える事でその人が生きる意味を確認でき、深い死の恐怖から少しでも離れられるように」。これも医師や看護師にはできないスピリチュアルケアであり、本人が楽しむ事で家族の悲嘆軽減、グリーフケアにもつながるという。なぜ僧侶にそれができるのか。死を迎える人に対して何かを解決したり答を出すことはできない。「でも死んで行くことは決して不幸ではなく、全て終わりでもない。そう伝えることができる」。それは人は皆、例外なく極楽浄土に迎えられるという阿弥陀の教えを自らが頂き、揺らぎのない確信と死生観があるからだと花岡さんは強調した。

死そのものと死への過程とは別に考えるので、恐怖に怯える患者には「怖いですよね」と共感できる。だが「死んだらどうなるのか」との問いにも「どう思いますか？」としっかり返せる。そしていよいよ最期の時には、「安心して下さい。大丈夫ですよ」と告げることができる。根拠は阿弥陀仏だ。「命を終えるのも大丈夫、というのは阿弥陀様の声です」。そう言う花岡さんはこれまで数知れないほど向き合って来た看取りの際、手を握って「こんなお話も聞かせてもらいましたね」とそれまでその患者が語った生涯の物語を耳元でささやく。「ご本人が反芻して下されば」。そして最後に「ありがとうございました」と口に出し、息を引き取った時にはその人の人生に接した縁をかみしめるように合掌するという。

2017年末から18年の年始にかけての5日間に5人が亡くなった。あそか病院での患者の死去までの在院日数は数日から数週間が多いが、1日以内の例もある。死亡も「退院」と言う。多くの患者については玄関脇の仏間ホールで「お別れ会」が行われ、17年は計60回営まれた。故人は死化粧をしてお気に入りの服装でベッドごと仏壇の前に安置される。

花岡さんは臨終の際に家族がそばにいると念仏は控えるが、お別れ会では「浄土へ行かれたのだ」としっかり読経し、この病院で過ごしてもらったことへの感謝の言葉をその人と家族に述べる。「こちらがいのちについて学ばせてもらったお礼です」と言うが、その心境は複雑だ。「死は自分たちでどうこう動かせるものではないし、どんな死が良いとか悪いとか言えない。死も元々の人生も思い通りにならないものですから」。別れが寂しいでもなく、極楽へ行かれて良かった、でもないと打ち明ける。「どういう感情かなあ」としばらく考え、「やはり出会えて良かった、悲しめるのは触れ合えたからですね」とうなずいた。ここに他者の死に向き合う宗教者の、その宗教者にとっての根拠があるのかも知れない。

緩和ケアでのビハーラ僧の立場は「曖昧な存在がいい」と花岡さんは説く。これが役割だと限定されずに、患者を取り巻く状況を俯瞰的に見ていろんな支えをすること。苦しみを受け止める「ゴミ箱」とも僧侶らは敢えて表現するが、「あらゆる辛いことを引き受けるのは大変。僧侶として受け止める覚悟ができているかどうかです」。毎日多忙でもいつも「わざと暇そうにしている」のも、患者が話しかけやすくするためだ。「いきなりこちらから『何かありますか』じゃない。話すのが好きな人ばかりでもない。ボランティアのような横の関係より、すべてのいのちが時間を超えてつながっているという関係です」。

あそか病院では毎朝の医師、看護師ら医療者らとの打ち合わせの後、ビハーラ僧だけのミーティングが隣室の長机で開かれる。その日の予定を確認し、壁に一覧表のある入院患者全員の状況を詳細に話し合う。「蕎麦をほしがられたので差し上げたが、むせて食べるのが困難だった」「昨日はほとんど寝ていた」。花岡さんが説明に続いて、研修に来ている僧侶の羽野龍樹さん(27)に「昨日はどんな動きが?」と尋ねるが、「うーん」と口ごもった。「そういう情報、大事だよ!」。厳しい声に羽野さんが、親戚の面会があったことを思い出すと、「それ覚えていたら本人の調子を聞く時も違うよ」と指導が入る。その女性患者は若い頃に養女に行き、夫を亡くし子供もいない。

別の患者は息子が夏に結婚し、式に出ることを励みにしている。花岡さんが全員の細かい事情まで把握しているのは、「僧侶は医療者ではなく1人の人間として患者さんに接する。それはその人が生きること伴走することだから」という。臨床心理士などとも違う〝人生が見えるケア〟なので、相手の話を聞く際は自分の人生も話す。家族の事やがんの母親の事も。相手に向き合うよりも同じ方向を向き、同じ視線で傍らにいる、そんな姿勢を「溺れている人に川岸から手を伸ばすのではなく川に飛び込む覚悟です」と語った。

死を見つめ、自らの生涯を何時間も僧侶に話す患者もいる一方で、言葉の少ない人も多い。羽野さんは「まだ頭を打つ経験ばかり」と明かす。研修に来て3日目、外出に同行した70代の女性患者に帰りの車中で朝の勤行に読む「重誓偈」という経文の意味を問われて〝解説〟した。女性は黙って聞いていたが、後で先輩から「答を出すより、なぜその問いが出て来るのか気持ちを聞くのが先だろ」と指摘された。

「せっかく唱えるのに意味を知りたいと思われたのは、死が不安だから。覚悟して入院されても体調が悪化して揺らいでいたからでしょうね」。そう思い当った週明けには女性は亡くなってしまった。四国霊場を何度も巡ったという敬虔なその女性はあの日たまたま体調が良く、一緒に縁日に出かけてお好み焼きをおいしそうに食べていた。お別れ会には参列したが、「不安にしっかり向き合えれば良かったのですが……」と唇を噛む羽野さん。「ビハーラ僧という肩書きではなく、ここでは死へ向かう患者さんが先輩であり、こちらが教えられる。私もいずれ行く道について」と気付きを得た。宗教者と言えども決して〝超人〟ではなく、他の人と同じように悩む人間だ。

午前中、僧侶たちは院内を巡回し患者に声をかけて回る。病棟中央の広いダイニングキッチンは音楽会などの催しにも使われ、のんびりテレビを観る人がいる。各室からは裏に面する庭に直接出られるようになっており、酸素吸入器を付けて畑仕事をする男性も。病室にこもるとどうしても体調の事ばかりが気になるからだと言い、土をいじりながら「がんなのを忘れてた」と笑う。

一方で、誰にも会わずに過ごすための「あそかの間」という部屋もある。各病室の洗面台の鏡にはブラインドが付いている。「見たくない自分が映って衝撃を受けないようにとの配慮です」と若い僧侶。様々な世話に気を配る自分たちの役割を別の僧侶はこう説明した。「幅1メートルの道を自転車で走ればタイヤ幅は3センチ。でも、残り97センチは踏まないから不要だと削ってしまうと怖くて走れない。ジグザグにしか走れない人もいるのだから。医療ケアがその3センチの轍とすると、97センチを僧侶やボランティアが担うのです」。

生きる希望につながる目標を

奥の方の病室で西坂勝さん（90）は、長年趣味で撮りためた写真を納めた数十冊のアルバムに囲まれて暮らす。お洒落な青いフリースの上着を羽織り、コーヒーをお代わりしながら、「今の日々は人生の付録かな。でも付録やおまけの方が楽しみなこともある」と笑った。だが末期のリンパ腫で痛みを抑える薬が欠かせない。２０１７年10月に告知されて入院した時は「もう長くない」と腹をくくったが、気になるのは二人暮らしで老老介護して来た認知症の妻と最近65歳でがんで先だった長男のことだ。「自分の事より辛い」。

そんな西坂さんが「死は何も考えずに受け入れるしかない」と覚悟を持てたのは、若い頃の衝撃の体験からだった。戦時中には空襲で累々たる焼死体を見た。戦後は気象庁に勤務し、富士などの山岳測候所で泊まり込みの観測業務に就く。１９６５年の3月、剣山で勤務を交代したばかりの親しい先輩が雪崩に遭い、35日後に遺体で発見された。「交代日によっては自分が……。人はいつ死を迎えるか分からない」と痛感した。２人とも山の歌が好きで、先輩の庁葬では山男の死を悼むフランスの歌「いつかある日」を流した。

たくさんのＣＤの中からその曲を出してきてかけながら、「好きな仕事をし、退職後も好きに山に登って人生に悔いはない。自分では１００点と思うが、人に言わせば50点かも」と話す西坂さんは、そのように昔からずっと「死」を意識して来たという。あそか病院に来てすぐ毎朝の勤行に参加するようになったのも、「信心はなかったが、ここで坊さんの姿を見てその気になった。あの世に行けば友人や長男に会えると思える」と話す。

写真は山暮らしの時代から風景や高山植物を撮り、家族旅行のたびに増えた。入院直後にそんな話を聞いたビハーラ僧の高橋了さん（26）が「ここで写真展しませんか」と持ちかけると、弱っていた西坂さんの目が輝いた。一緒に作品を選び、3回に分けて計130点をホールで展示した。百名山やスイスアルプスなど美しい光景に、鑑賞した他の患者たちも喜び、バックにはあの曲が流された。

高橋さんは「医療現場で僧侶のできることは少なく、そばにいることしかできない。でも、患者さんや家族とともに悲しみ悩んでいきたい」と語る。寺の三男に生まれ、浄土真宗本願寺派の宗門大学を出て臨床で仕事をするビハーラの研修に飛び込んだ。祖父母を次々亡くし、母が介護していた姿を見て福祉を志した。3年前に常駐僧になった頃、「坊主なんかいらん。あんたみたいな若造に何が分かる」と言われた。見舞いに来た家族と一緒の写真を撮ろうとして、「俺が死ぬから記録してるんやろ」と怒鳴られて怯み上がった。

「坊さんだからと言って受け入れられる訳はないんです」。どうしても気が合わない、嫌だと思う患者もいる。始めは病気が辛いからそんな態度なのだと思ったが、接するうちに「怒るのは人間だから」と思えるようになった。「自分も含めて人は人間くさい煩悩のまま救われていく身なのだ、という阿弥陀さまの教えがわが身に染み込んできたと気付きました」。

僧侶らは続いて、西坂さんに写真集を出版してもらうよう手伝った。100点余りに撮った際の物語を付け、レイアウトする作業を支え、出版社で完成した。「でき上がるまでしっかり過ごしたい」と生き生きした西坂さんは満足げだ。終末期には、もし「余命3か月」と診断しても医師がその数字を出してしまうと〝カウントダウン〟になる。緩和ケアでは例えば「お孫さんの入学式頃ですね」と生きる希望につながる〝目標〟を示す。

午後1時半、ビハーラ僧も入った医療スタッフのカンファレンスが始まった。看護師らが全患者のデータをファイルやパソコンを見ながら報告し、「ふらつきがあり薬の効きが今ひとつ」との説明に大嶋健三郎院長（41）が「家族の意向は？」と問うた。痛みや体温血圧などの医療情報とともに、「親族間に意識の開きがある」「その時が来たら葬儀の件で夫がどう動くか」など突っ込んだ家族の問題も包み隠さず40分以上論議される。僧侶からは「一度じっくり話して見ます」と発言があった。「緩和ケアは痛みを取るだけではなく生の価値を支えること。柱は全人的ケアと家族ケア、そして多職種による徹底したチーム医療だからです。僧侶も重要な論議に必ず関わる意味で医療者です」と院長は話す。

末期にはモルヒネなどで鎮痛しても、耐えられない息苦しさや倦怠感、譫妄という意識混乱は取り切れず、ベッドで苦悶の表情の患者もいる。そこで眠るように薬で意識を低下させる「セデーション」をすれば楽にはなっても、最後に家族との意思疎通が困難になる。「そんな倫理的問題でも僧侶が我々の医の論理への評価者、支えであってほしい」。それは、僧侶が「話しやすい」存在として普段から患者・家族に接し、そのニーズを知った上で精神的な支えになっているからだという。緩和ケアでは身体だけでなくスピリチュアルな苦痛へのトータルな対処が目指され、「家族と喧嘩したら痛みがひどく、孫が見舞いに来たら軽くなるものです」と院長は指摘する。

院長の言葉からは、ここではあらゆる医療に仏教が関わっていることが分かる。ビハーラ僧の高橋さんはそんな大きな期待という重責に応えられているかどうか不安だが、「辛くはない。辛いのは患者さんと家族だから」と身を引き締める。他の病院から来た身寄りのない男性（81）を受け持った。認知症のような症状もあり、ぽつりぽつり話すたびに「寂しい」「病気に負けて悔しい」とこぼす。天涯孤独で面会もないのでできるだけそばにいようと病室に通い、暖かい日はベッドごと庭に出た。神社の生まれで職を転々としたことしか情報はない。2週間後、呼吸が止まる1時間前に「神も仏も分けるのは人間の都合ですね」と男性が以前話した言葉を復唱した。「後から行かせてもらうので待ってて下さいね」と手を取って見送った高橋さんはそんな時に、浄土で再び巡り会うという「倶会一処」の教えを実感できるという。

看取りの際、高橋さんは家族が傍らにいなければ患者に意識がなくても一人にはしない。60代の妻を長く看病した夫がたまたま死に目に会えなかった。そんな時、患者が部屋に一人では家族の辛さが増すからだ。旅立つ前には「そばにいますよ」と声をかけ、臨終を迎えても「ご主人もうすぐ来られますよ」と。肉親が着くまで、冷たくなっていく手を温めるために1時間も握っていることもある。

その妻に夫は「よう頑張ったなあ」と話しかけた。「『間に合わなくて済まない』ではなく、悲しみよりも長い人生をともに生き切った感慨なんだと分かりました」と高橋さん。こういう生と死への出会いには、自分自身も行く道を「命がけで、息が止まっても教えて下さっている」と感謝で受け止める。それは真宗の僧侶だからか。そう問うと少し考え込み、「その人の宗教に関係なくお浄土へ行かれ、私もそこで再会する。それを信じているからこそ手本になるのでしょう」と返した。揺らぐいのちが支える場で、僧侶の側も救われている。

「いのち」を教わったことへの感謝

「行く先は　三途の川の　川開き」。あそか病院では僧侶らに大きな〝遺産〟を託す患者もいる。末期胃がんが転移して2015年の6月初旬に入院し、こんな俳句を残して23日後に亡くなった米澤貞雄さん（当時88歳）を高橋さんは忘れない。東京生まれで戦前は台湾にもおり、戦後に京都へ来て工業用研磨砥石の製造会社の営業職として猛烈に働いた。退職後に俳句に魅かれ、「さだを」の号で地元新聞にもよく投句していた。

入院12日後に看護師や僧侶らに誕生会を開いてもらい、ケーキを食べて、贈られた寄せ書きと「ハッピーバースデイ」の合唱に、「妻と二人暮らしで今までこんな誕生日はなかった」と目を細めた。「俳句は、説明にならないよう表現に苦労する。できた時には生きている実感が出て来る」と話した。ベッドでもパジャマではなく普段着姿で笑顔を見せ、「生きるためにここにいる」と語気を強めた。

入院前は「死にに行くようで嫌だ」と抵抗していた。確かに、緩和ケアを巡っては心が揺れ、入院前後の句には「死」や「癌」が出る。「死に神に　追われ夏の　病棟に」「いつ果てるか　自問自答の　卯月かな」。だが、病院生活で変わった。ある日、高橋さんら僧侶が車いすの米澤さんを連れて病院北側の木津川支流の土手に散歩に行った。ジワリと暑い日だったが、10メートルほどある土手上からはそここに草が茂った山城平野が一望できた。米澤さんは橋の赤い欄干などを眺めて目を輝かせ、表情ががらりと変わった。それまで病室でうつむき加減で周囲に興味が向かない様子だったのが、溌剌として遠望する建物について質問した。「自然から作句のインスピレーションを得られたのでしょうか」と高橋さん。翌日には、「死ぬつもりでここへ来たけど、元気になってしまった」と笑う米澤さんがいた。「死ぬことを　忘れ入院　青嵐」。

しかし、数日して病状は悪化した。「病棟に　覚悟の命　春惜しむ」。自らの死期を悟ったかのような句を、米澤さんは所属する句会に最後に送った。翌日、見舞いに来て帰る妻を薄目を開けてじっと見つめ、次の日からは意識がなくなる。そして数日後の夕刻に旅立った。翌朝、玄関脇のホールで行われたお別れ会には妻と長男、主治医や医療スタッフ、そして高橋さんら僧侶は黒法衣で参列した。安らかな顔を見せて仏壇前に横たわる米澤さんの傍らには、生前の写真やあの寄せ書きが置かれた。高橋さんの読経による勤行に続き、一人ひとりが故人を偲んで挨拶するのを、妻と長男は何度もうなずき、涙を拭きながら聞いていている。

「三途の川の　川開き」の句が強烈に印象に残っているという高橋さんは、その会でこんな話をした。「一体、どんな思いで作られたのか。きっと『いのち』に真正面から目を向けられていたのだと思います。強く強く自分を見つめ、米澤さんらしく生き抜かれたのでしょう。きっと三途の川もフリーパスで渡られ、お浄土にお生まれになったと思います」。会を終え、正面玄関から退院する遺体をスタッフ総出で見送る時、僧侶らが「ありがとうございました」と深々と礼をするのは「いのち」を教えてもらったことへの感謝だ。米澤さんの最期に「年齢を重ね、病気になっても旬に生き方がにじみ出ている」とメッセージを受け取った高橋さんは言う。「身をもって自分の生涯に向き合ってこられた方はすごい。私たちはそれに触れ、その人生をいただいているような気持ちになるのです」。

患者の死後まで関わる

あそか病院で毎日行われる夕方の勤行が終わる頃、小学生の翔君（10歳・仮名）が祖母に連れられてやって来た。末期子宮がんの母親（32）の見舞いに毎日のように放課後に訪れる。母は以前の抗がん剤治療で頭髪がなく、日によっては激しい吐き気や意識混濁によって恐ろしい形相で暴れたり幻覚に苦しんだりする。

「あの姿は子供にとても見せられない。でもできるだけ母子で過ごしてもらいたい」と言う僧侶の花岡さんが「母さんどうやった？」と尋ねると、翔君は「ご飯食べてたよ」と微笑んだ。「娘の調子がいいとこの子もいい顔です」。そう応じた祖母には、しかし鉛の塊を飲み込んだような表情の陰りがある。自宅に帰ると孫に隠れて風呂で泣いているという。

病室と廊下を出入りし、ロビーの長椅子で宿題をして過ごす翔君に僧侶らが声をかけ、かくれんぼが始まった。飽きると今度は紙の手裏剣を投げ合う。その屈託のなさに母親もベッドで笑顔を見せた。未熟児で生まれた息子を苦労して、離婚後は女手一つで育てた。当初は母の窮状に涙を流して落ち込むばかりの翔君に、花岡さんらは手品をしたり一緒に遊んだりして信頼関係を築いた。それも重要な仕事だ。だが、いよいよの時が必ず来る。「『ママどうなるの？ 死んでしまったらどこへ行くの？』と聞いて来

母と兄妹が一緒に植えた紅葉の木にはメッセージの立て札が添えられている（あそかビハーラ病院で）

たら、きちんと対応したい」。

このような家族へのケアを医療者は僧侶たちに期待する。明るい顔で妻の見舞いに来た男性が「でもここへ来るまでにスーパーで2時間いて気を落ち着けさせた」と告白する。60代男性が容体急変で亡くなると、遠方から駆けつけた80代の母親が「何で先に！」と廊下で泣き叫んだ後にショックで死亡したこともあった。

患者の死後までも関わるケースもある。2年近く通院した45歳の女性は以前に離婚しており、小学6年の兄、5年の妹の2人きょうだいが何より気がかりだった。花岡さんが世話をするうち、「子供が中学に入るまでは生きたい。入院したら面倒を見てくれる人がいなくなる」と懇願した。花岡さんは宿題を見たり話し相手になったりし、母の入院で2人は養護施設に入る。当初気弱だった母は「私が死んだらこの子ら2人で生きていかねばならないから、支え合って辛い事を乗り越えていけるように育てた。向こうへ行ったら、子らが強く生きるのを見守るのです」と気持ちを語るようになった。だが半年は持たず、2017年7月に死去した。それまで妹の前で気丈だった兄は遺体にいつまでもすがり付いて号泣した。

花岡さんは「死んでお終いじゃないって言っておられましたよね」と亡くなる寸前に声をかけ、お別れ会で「お母さんは仏さんになって……」と生前の固い決意を兄妹に伝えた。そのことを振り返ると、花岡さんは急に言葉を詰まらせた。「『子供が成人するまで支えてね』と約束したんですよ……」。眼鏡を曇らせ、そう言うのが精いっぱいだった。

入院中、母を励まそうと好きな紅葉の苗木を病室の外の庭に4人で一緒に植えた。院内に種から生えた紅葉の木があることを聞いた母が「私も植えたい」と希望したのだった。今はまだ1メートルほどだが、添えた立札には、「病気なおるように、がんばれ！オー」「大好きやし。がんばってね」と兄妹のメッセージが書かれている。「大切な思い出」という紅葉の花言葉とともに。

夜になっても病棟はナースコールが度々鳴りひびく。深夜にもトイレや不眠を訴えたり息苦しそうな患者がおり、夜勤医師や看護師らが対応に追われた。コールがようやく静かになる未明、調理師が出勤して朝食の準備に取り掛かった。今日も、いのちが安らぐ一日が始まる。

――・――・――・――

病院で遊んでいた翔君は、この数か月後の2018年4月に母親を見送ることになった。写真集を出して満足気だった西坂さんは、同5月に亡くなった。そして、自死した娘との再会を願った智代さんは、19年3月に念願を果たした。僧侶たちは心を込めて旅立ちに寄り添った。

2　生が輝く希望のホスピス

ヴォーリズ記念病院

琵琶湖の東、滋賀県近江八幡市の八幡山麓に位置する「近江兄弟社ヴォーリズ記念病院」のホスピス棟「希望館」で春のある日、亡くなった患者の「お別れ会」が開かれた。入口に十字架のある1階の専用室でステンドグラスから陽光が差し込む窓際にストレッチャーが置かれ、きれいに死化粧をした89歳の女性が横たわる。

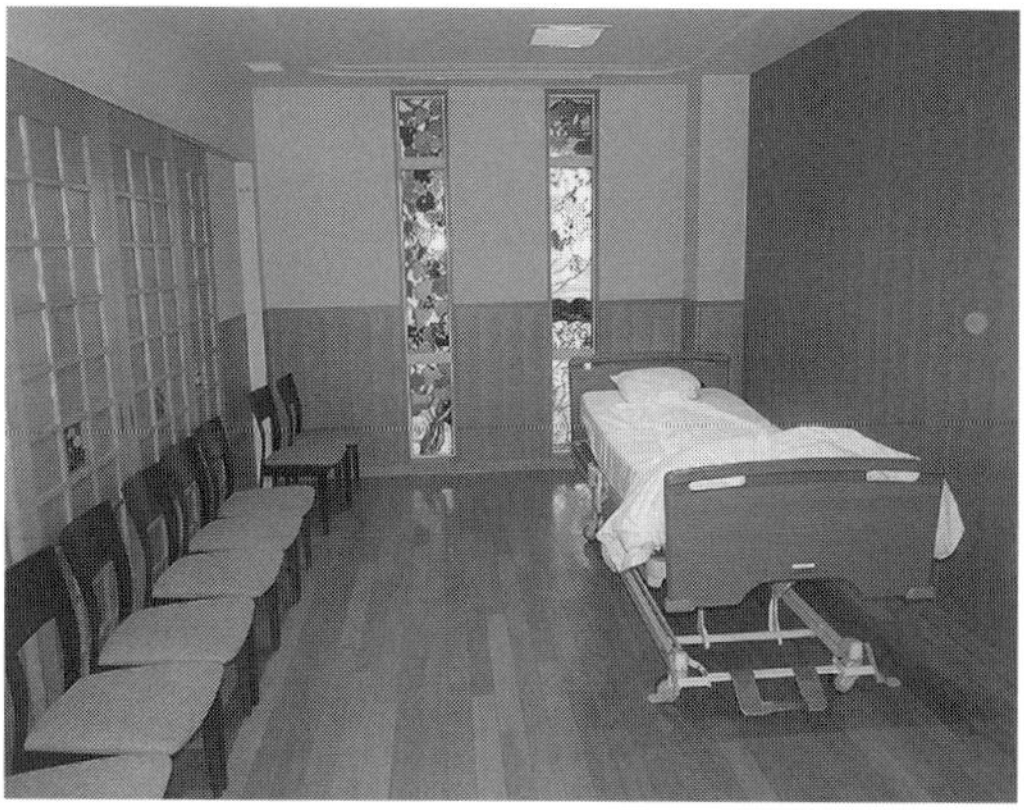

ヴォーリズ記念病院ホスピスの「お別れ会」の部屋。先ほどまでストレッチャーに故人が横たわっていた

枕元には花束。8人の親族と医療スタッフが囲み、口々に別れの挨拶をする。「お誕生会をした時に『こんなこと生まれて初めて』と喜ばれた笑顔が素晴らしかった」と看護師。医師が「いちごを食べたら元気になられた」と話すと遺族も思わず笑みを漏らした。家族の中年男性が「最後にこんなに親切にしてもらい安心しました」と震える声で感謝する。病院付きチャプレンの牧師が「死が終わりではなく、新たないのちの始まりを神様が祝福して下さいますように」と祈りの言葉を述べ、医師が「長い間お疲れ様でした。安らかにお休み下さい」と女性の顔に白布をかけた。

この病院は、明治期に来日した熱心なプロテスタント信

ヴォーリズ記念病院のホスピス「希望館」は落ち着いたたたずまいだ（滋賀県近江八幡市）

徒伝道者で著名な建築家の米国人ウィリアム・メレル・ヴォーリズが創設し、「隣人愛」「奉仕」というキリスト教精神を理念としている。18床ある希望館で2、3日に一度行われるこのお別れ会には、２００２年の同館の立ち上げから関わり18年1月に退職するまでホスピス長を務めた細井順医師（66）の「いのち」への思いがそのまま引き継がれている。

「故人は皆さんの心に住みついて励まし、力を与えてくれると思います」。細井医師はお別れ会でよくこう話した。一代限りの肉体の「生命」と違って、「いのち」はもっと大きなもの、各人が持っていてしかもつながっているものだと考えている。「ホスピスで出会う患者さんは私に、そしてスタッフや遺族に、生きる力を与えてくれ、人生の先輩として手本を教えてくれた。だから亡くなっても私たちの中で生きて続けている。ホスピスはいのちが生まれる場所なのです」。

細井医師がお別れ会で故人の生き様を振り返るのは、「良い人生だった」と遺族にも思いを共有してもらい、学んだことを皆で反復するため。「よく頑張りましたね」と死者を必ず祝福するのも、チャプレンの祈りの言葉もそれだ。「神はそのように人間を作られた」。毎朝祈りをする熱心なキリスト教徒である細井医師の信念は、自身もがんを患ったことに裏打ちされている。

大学を出て病院で外科医として活躍したが、医師として全力を尽くしても救えない患者の死に敗北を感じ続けた。そんな人にどう接するのか悩んで死生学を勉強し、緩和ケア医に転身。その8年後に自身が重症の腎臓がんと診断され手術を受ける。死を覚悟して妻に別れの手紙を書き、自ら患者の立場になってみて医療者との隔たりを痛感した。

それまで「自分が診ている」という姿勢で、患者に寄り添っていると思い込んで来たのを反省する。「心の中で以前の患者さんに謝りました」。退院し職場に復帰したら、がん患者としての先輩に「痛い時はよくある。無理せんと」と励まされた。「患者はみな一個の人間。私は生きる人、あなたは死ぬ人じゃない。人は病気で死ぬんじゃなくて人間だから死ぬんです。医師も同じように往く身の人間同士なんです」。医療者のペースではなく、自分を抑え患者の限られた生の傍らにじっと居続けることに徹するようになった。この時から、自身が距離感を抱いた白衣を着ることをやめた。

「いのちに寄り添い続けたい」と語る細井医師

ホスピス棟「希望館」で細井医師が出会った患者たちには様々な苦悩があった。死への恐怖、なぜ自分がという理不尽の思い。身体の痛みが取れれば余計に「助からないのはなぜか」と苦しみ、症状がない人はなおのこと状況が理解できない。「人間の身体は生きるべくできている。もうあかんと思っても体はそれを乗り越えようとしているはずです」。

「なぜ、このようなことに?」に答えはない。細井医師は「医者がどうこうできるのではなく本人の生命力。こういうものだと受け入れる手助けをするのです」と語り、患者には

「私たちも治したいけど治せない」とはっきり告げる。だが、「医師としてはできないけど、人間としてそばにいる」。つまり無力な人間同士、できないことを受け止め、共に苦しんで〝できなさ〟に付き合うのだと言う。

入院して来た人には「何がしたいですか？」と問う。すると「もうだめ」の一点張りだった患者が生き返ったようになるという。頸部の末期がんで２０１１年12月中旬に入った池本成博さん（70）もそうだった。元高校音楽教師でチェロ奏者。入院前の夏に東日本大震災被災者支援のチャリティーコンサートをする頑張り屋だったが、痛みがひどく、細井医師の問診にも「ええこと何もない」と沈鬱だった。

だが薬で激痛が緩和すると、少し前に東京に住む次男のところに生まれた孫に一目会いたいと願う。「無理かなあ」。「いや道は開けるでしょう。考えましょう」と細井医師は手を握った。毎日のスタッフカンファレンスで、その東京旅行に向けて時期や医療的措置、交通手段などを何度も話し合う。池本さんも病棟のクリスマス会で、泊まり込みで看病する妻三千代さん（66）と笑顔を見せた。

旅行に同行する長男とも打ち合わせ、年末休みの30日と決めたが、前日になって容体が急に悪化した。「何とか実現させてあげたい」。家族と同じ思いの細井医師は看護師らと綿密に協議し、異例だが意識低下を防ぐ点滴をすることに。そして当日朝、車椅子でワゴン車に乗った池本さんを新幹線の米原駅まで見送った医師は、旅行中の細かい注意事項のメモなどを三千代さんらに手渡し、「大丈夫」というようにうなずいた。

前夜、何かあった時のために沿線の主な緩和ケア病院への連絡、紹介状を何時間もかけて書いていたのだった。ひかり号の多目的室ベッドでゆっくりする間もなく品川に着いた池本さんは、ホテルの部屋で念願の孫の顔を見、ぎこちなげながら大喜びで抱き上げた。10年以上子供ができなかった次男に顔の似た元気な男の子だった。

「誰でもホスピスに来ればあのようになる訳ではない。死を意識した時に本当の人生が始まる。患者にとって大事なのは人生の満足と家族の支えです」と細井医師は語る。池本さんは年を越えると願いがかなって安心したように生きる力が衰える。そして入院から1か月目の夜、親族たちに看取られて亡くなった。「皆見てるからね」「ありがとう」「仲良くするからね」。孫らが泣きじゃくる中で細井医師は最期の脈を取り、「よく頑張りましたね。ゆっくり休んで下さい」と声をかけた。お別れ会でも医師の「池本さんの物語は閉じても皆さんにつながります」との言葉を聞いた三千代さんは「本当にいのちが引き継がれたと実感しました」と振り返る。あの日東京で一度だけ会った孫の朔弥君は7歳になり、チェロを弾く亡き祖父の写真を見て「おじいちゃん！」と言ったという。

良く生きられるように

「あなたの寿命を長くすることは私にはできません。けど、その間に良く生きられるようにします。くよくよせず愉快にいきましょう」。初めてホスピス棟に来た患者を驚かせるような細井医師の言葉は、そのまま自身のホスピス観を表わしている。70代の男性患者が入院して「ワニに噛まれたみたいに腰が痛い」と訴えた。鎮痛薬を処方すると、「半分楽になった」。そこで翌日、薬ではなくじっくり向き合い、戒名を自分で準備したという男性の一代記を1時間余り聞くと、「痛みがすっかり消えた」と話した。医療では癒せない心や魂の痛みに対処するのも仕事だ。ふさぎ込む患者には、そばに黙って座り息を合わせることから始める。

一般医療が病気を対象に救命延命を目的とし、症状の進行度と医療知識で治療方針を選択するのに対し、緩和ケアは「人生・生活」のために「生きがい」を目的にし、患者の残り時間と本人・家族の希望によって治療を決めるという。前提になる概念は、前者は「人間は生きるべきもの」、後者は「死すべきもの」だ。クリスチャンである細井医師は「仕事で教えを意識しているわけではないが、何もしないけどそばにいて見守っている神、キリストが手本です。薬出しましょうと前へ前へ導くのでなく、『大変やねえ』と共感すること」と表現した。〝ワニ〟の男性は「病院でキリストに出会ったみたいや」と漏らした。

50代男性は咽頭がんが脳や全身に転移し、食べられず声も出せなかった。株や商品投機をする〝相場師〟。眼光は鋭く、筆談で「一晩で2000万円すったこともある」「株はやめとけ」という。薬も飲めず代わりに処置した点滴の栄養価の低さについて質問するので、細井医師が「もうこれでいいんです」と答えると涙を浮かべた。驚いた医師はふと浮かんだ聖書の言葉を伝える。「空の鳥を見よ。種も蒔かず刈り入れもせず、倉に納めもしない。だが、あなたがたの天の父は鳥を養って下さる……」。『マタイによる福音書6』の知られた一節だが、男性は「気休めを言うなよ」と泣き出した。細井医師が黙ってじっとそばにいると、15分ほどして男性は「心の琴線に触れると涙が出るんです」と打ち明けた。1か月足らずで旅立ったが、医師は「生死を超えたいのちへの思いが共有できたと感じました」と振り返る。

「死は順番に来る。避けたくても避けられない。それに気付いて自分の生をどう意味のあるものにするか考えるのです」。外科医だった頃はがんという100キロの重荷があれば削って重さを減らした。ホスピスでは減らさないが、手を差し伸べて一緒に重荷を担ぐ。「あと1日のいのちを与えることはしないが、その1日にいのちを与える場所。『今日は良かった』と思うと明日に希望を持てます」。

90代の男性は真珠湾攻撃をはじめ長く戦争を体験し人間魚雷の訓練まで受けたが、生き延びた戦後は鉄道員として人生を送った。入院後に肝臓の3分の2に達する末期がんを細井医師から初めて告知されると、「戦争で何度も死にかけたから怖くない」と言い、医師やスタッフに悲惨で生々しい戦地の体験を語った。まるでやり残した仕事のように、その語りは死の直前まで毎日続き、それをまとめ細井医師にくれた手記の最終ページには「戦争は絶対にしたらあかん」と大きな文字で書かれていた。こんな多くの患者たちから細井医師はいのちを引き継ぎ、支えられて生きて来たと確信している。

「転んでから体が弱って動かんし、早くお迎えが来ないかと思うけど、なかなか来んなあ」「それが老衰。そんなもんですよ」。92歳の女性に細井医師が笑顔で答える。腸が悪いが重篤ではなく、自宅でセーターを着てベッドに座る女性は一人暮らしだ。「苦しまんで往けるかなあ？」「普段から死を考えたはるから苦しくないでしょうね。手を合わせて心を落ち着かせて下さい」。聴診器で少し診察した後はほとんど世間話だ。「それも仕事。患者さんは生きて老いてゆく自分を受け止めておられますよ」。

ヴォーリズ病院ホスピス長を２０１8年1月に退職した細井医師は、自宅がある京都で医院に所属して在宅患者を往診する仕事に就いた。「医者というより住民として地域で何か役立ちたい」との思いで、巡回する数十人の患者は末期がんや脳梗塞の後遺症から通常の病気、高齢者まで様々。「老病死科です」。ホスピスに「死の苦」があるなら地域には「生きる苦」があり、その全てに寄り添いたいという。食べられなくなればホスピスでは点滴もしないが、自宅なら「もっと永らえたいと思うのも自然」。がんと違って症状も生の終わりへの意識も上昇下降を繰り返し、しかも期間は長い。家族には言えない悩みを打ち明けられる事もある。日常生活に付き合いながら「あなたの生命力が第一」と語りかけ、患者の望みを最優先に「互いにできることで助け合いましょう」と接する。

「いのちの見方が少し変わったかな。でも大事なのは個々人の死生観。死というしまい方を意識して生きた方がいい。心の中にホスピスを持つことでしょうか」。国民総医療費増大で厚生労働省は在宅医療を推進しているが、世話をする家族の負担も含めて現実はそう容易ではない。「家が生活の場より医療の場になった。重く、ほっとするどころか気を遣う場所になってしまわないように何とかしたい」。

細井医師が「人のために」という意識を持つようになったのは青年期だった。医者で太平洋戦争開戦前日に敢えて受洗した敬虔なクリスチャンの父に生き方を説かれ大事に育てられた。教会に通い、中学1年で洗礼を受けた。だが父と同じ道を目指しながら医学部の受験に失敗する。経験したことのない〝挫折〟に以前から説教で知っていた聖書の「放蕩息子の喩え」が骨身に染み、「初めてキリストと出会った」。恵まれた境遇、神の愛に気付かない人間が逆境に遭って悔い改める逸話だ。自分の事だと思い当った。

常に他人に尽くすことを考えていると、教えが腑に落ちる。「我生くるにあらず。キリストが内にありて生くるなり」（聖書『ガラテヤ人への手紙』）。自らがんになり、そして今も生きているのは「なぜか分からないが、大きなものに生かされている」。患者に信仰の話をすることはほとんどないが、自らの人生のベースが教えであり生きる根拠だという。

ホスピス医に転じたきっかけも父を緩和ケアで見送ったことだった。医師として患者を看取る際、家族には最後まで声をかけてもらう。死後も「お疲れさま」と話しかけ、「臨終」ではなく「旅立たれました」と言うのは「いのちのリレー」のためだ。それは往診医になっても同じ。「病院が良かったのでは」と悔いる家族に「ご本人は家で満足されていますよ」と話す。故人のいのちが皆の中で生き続けると思える。自らも父のいのちを引き継いでいるといつも感じる。「私が死んだら天国で父に会いたい。『一杯どうや』と言ってもらいたいですね」。

いのちを見つめる看護師

ヴォーリズ記念病院のホスピス棟希望館に勤務する看護師の中川昌子さん（55）は、緩和ケアの仕事をかつて、あそかビハーラ病院から始めた。「私と一緒にいてくれる患者さんがいればどこへでも行きます」と言う。長年看護職をし、終末期医療に関わるのは2009年の父（78）の死がきっかけだった。肺がんだったが本人の意向で治療はせず、ぎりぎりになって入ったのは中川さんの当時勤める病院だった。もう危ないという日、娘は夜勤を交代してもらうのは可能だったが敢えて勤務を続け、その間に父は逝った。不仲だったわけではない。次女で父の愛を求め続け、娘の看護師という職業を父が誇りに思っているのを知っていたからだ。だが死そのものに激しい衝撃を受け、「仕事していた方が父も喜んだと考えましたが、今思うとそれは自分のための考えだった」。全てから自分だけ取り残されたような空白感にとらわれた。

いのちについて深く学びたくなり関西学院大学で死生学の講義を聴講、あそか病院を知る。真宗門徒の父が朝夕仏壇に手を合わせるのを見ていて仏教は何となく身近だった。「難しい教学や浄土があるかどうかも分かりませんが、何か生きる指針だと感じます」。勤めるにあたり、本山の西本願寺で門主から仏弟子になるための「お剃刀」という儀式を受けた。あそか病院では死がタブー視されず、僧侶が患者の苦しみを聴いて寄り添うのが素晴らしいと感じた。法話に接し、「南無阿弥陀仏の南無は、必ず救うという事。これで患者さんも救われると納得できました」。自らも「聴く人になろう」と務める。院内で人生最後の誕生会に喜ぶ人の気持ちが伝わり涙が出た。だが患者の苦悩を受けて毎日一緒に泣いてばかりの自分に疑問もわいた。

いつも世話をして信頼関係があり、「話聞いてくれる？」というまだ60代の女性の病室に行くと、畳敷きの床に正座して「待ってたよ」と言う。「ここで世話になり楽しいこともしたけど、もうしんどい。終わりにしたい」。医師にも言えないそんな事をじっと目を見て訴えられた。その要望は院長に伝える。中川さんは自分が受け入れられたと実感した。

「私もただの人だと分かってくれ、互いの心の中で触れ合えた」。その後もっと学びたいと仏教系の大谷大学に編入学した中川さんは、再就職で2018年3月から勤務するヴォーリズ病院でも「ビハーラ」に通じるものを感じる。僧侶もチャプレンの牧師も、死後の世界と生をつなぐ専門家として人々の人生に関わってほしいと考える。「私も、仕事というより患者さんの傍らにいるために看護師をしているのだと分かりました」。

あそか病院の東承子さん(48)は若い頃に縁があって浄土真宗本願寺派の僧侶養成学校に学び、僧籍を持って看護師になった。「医療の場で仏法が腑に落ちた」と話す。以前勤務した産婦人科で死産や人工中絶にも立ち会った。器具で掻把する際に「お腹の赤ちゃんが逃げようとするのがモニター画面で分かるのです」。「生苦」。生まれて来ることの大変な重さを目の当たりにし、「自分は生かされている」と理解できた。

あそか病院では血液や排泄汚物にまみれた患者にも接する。「でもその人たちを美しいと感じる瞬間が確かにあります」。この病院に来た当初、向き合いたくない自分を言い当てられているようで法話を聞くのが辛かった。だが今、「寄り添うといってもできない、そこに痛みを感じながらでも一緒にいのちを感じていたい。ここにいていいよとそばに置いて下さる患者さんがありがたい」とうなずく。終末期の現場で医療者の心も揺さぶられる。

妻を見送った僧侶

あそか病院で妻を見送り、仏教者としての自分が変わったという真宗僧侶がいる。滋賀県長浜市の真宗佛光寺派光源寺住職で龍谷大学理工学部教授の大柳満之さん(58)だ。47歳だった妻三代子さんは2014年11月に重篤な乳がんと診断された。病院で全摘手術を望んでも、「重度で手術できないと言ってるだろ!」と突き放された。医師は「乳房が破裂してひどいことになる」と脅すように抗がん剤治療を主張する。

「そうしてでも生きてほしい」と大柳さんは願ったが、三代子さんは「副作用に苦しんで自死するかも知れない」と訴える。我慢強い妻のそんな苦悩を受け止め、二人で何日も抱き合っては泣いた。「もう助からない恐怖より、別れることへの辛さでした」と大柳さんは唇を噛む。

芯が強い妻の意思通りに何も治療せず自然にゆだねることに決め、「藁をもすがる気持ちで」緩和ケアにあそか病院を受診した。夫が困った時はその立場になって支えてくれた三代子さんは達観した様子だったが、一言だけ「死んだら雲の上を行くような感じらしいね」と漏らした。院長と協議し最後は入院することにして自宅療養するが、大柳さんは妻の不安に僧侶として何一つできないと痛切に感じた。

今から命を終える妻に、僧侶として「往生」や「浄土」をしっかり伝える自信は全くない。それまで深い縁ではない人に法話で説いていた事が、自分が感じた本物ではなく無責任だったと思った。それもあって夫としてできることは何でもした。「頑張れ」とは口に出さず、家事も初めてした。その妻は3月下旬のいよいよ入院の朝、早く起きて夫と長男に卵焼きを作ってくれた。

病床で最後に意識抑制のモルヒネを打つ前、妻が欲しがったピザと茶碗蒸しを夫は届けた。感極まってキスをすると唇が乾いているのが分かった。数日後、眠り続ける三代子さんに何か呼ばれている気がして大柳さんは病室に毛布を持参し泊まり込む。朝方、体で呼吸をしていたのがだんだん浅くなり、そしてふと止まった。二人きりだった。「ありがとう。お疲れさま」。落ち着いてそう言うことができた。だが日を追って喪失感は深まる。「一人では店へ食事に行けなかった」。長男と公園に桜を見に行くとショートヘアの丸顔に笑みを浮かべる妻が一緒にいる気がした。

「三七日」の日。「これからどう生きて行くのか」と自問していて、自宅の本棚に妻のノートを見つけた。開くと、「お父さんへ」といつものきれいな字の書き置きが目に飛び込んだ。別れを惜しみながらも残す夫と長男のことを心配し、「無理しないで……私を思い出してくれる時にはどんなかたちでも一緒にいたいと願っています……時間がかかろうが必ず前へ踏み出せることを願ってます」と気遣いが綴られていた。大柳さんは、その妻の願いをかなえるために生きて行く決意を固めた。

死の前に三代子さんが「皆が通る道だから心配することはないよ」と語ったのを大柳さんは「妻は僧侶よりも教えを深く自分のものにしていた」と感じる。あそか病院を、「たたずまいで仏教が伝わるような場所」と言う。そして今は「死によって大地に還っても、その人の願いは縁ある人の中に深く根差す。何かの際にふとそれが出て来た時、そこに浄土がある」と確信できる。「手を合わせたり念仏をすれば亡くなった人と縁を結ぶことができ、その願いが実感できるでしょう。そのはたらきで生かされているのが『他力』（阿弥陀仏の力）で生かされるということです」。

緩和ケアの現況　宗教は心の支えになるか？

あそか病院もヴォーリズ病院ホスピスも、宗教宗派の違いを超えて「死に場所ではなく人生の最後を輝かせる場所」との姿勢が共通している。実は宗教系に限らず多くの緩和ケア病院は「苦痛を取り、限られた生の質を高める」との方針を掲げ、厚生労働省のサイトでも「緩和ケアとは病気に伴う心と体の痛みを和らげること」と唱っている。しかし、日本ホスピス緩和ケア協会によると専門病院・病棟を含め2017年時点で全国に394施設、計8068病床と年々増加してはいるが、依然死因のトップを占めるがんの死者数37万4000人（16年・同省人口動態推計）に比べると絶対数はあまりに少ない。

しかも国は「がん対策基本計画」（12年）などで、終末期だけでなく「診断された時から」のケア推進を掲げるが、施設増加に伴って「ケアするスタッフの不足やケアの質のばらつきという問題がある」と、終末期医療や死生観を研究する小谷みどり・第一生命経済研究所主席研究員（当時）は指摘する。背景には一般病院も含めて医師の緩和ケアへの認識がまちまちであることがある。

厚生労働省研究班による全国のがん治療に携わる医師２７００人余りへの15年の調査では、痛みの除去など緩和ケアに関する知識についての問いの正答率が平均78点と8年前の調査より14％増加したというが、ある緩和ケア専門医は「早期に緩和と言っても机上の空論。そうならないのは患者の気持ちの問題であり、原因は前段に担当した医師の説明不足だ」と話す。宗教系ホスピスに勤務するこの医師は「一般病院で説明もなく『ホスピス行きますか?』と言われれば患者は『もう死ぬんだ』と暗澹たる気持ちになる。医師だけでなく臨床心理士や宗教者も含めたスタッフが患者の心に接していなければならない」という。

あそか病院もヴォーリズ病院でも、ビハーラ僧やスタッフ、医師は「いのち」への宗教的といえる信念を支えに患者に接している。死を迎えてもそのいのちが引き継がれるという思いは、患者にも伝わっているように見えた。

「あなたが死に直面した時、宗教は心の支えになりますか?」。日本ホスピス・緩和ケア研究振興財団の成人１０００人を対象にした17年の調査で、この質問に「支えになると思う」が32％、「ならないと思う」が29・８％とほぼ拮抗した。「分からない」が38・２％で最多だった。だが宗教者にとって問題は、この「支えになると思う」の回答が6年前の２０１１年の調査で54・８％に達していたのが激減し、その前08年調査の39・８％よりも少ないことだ。

同財団は「11年調査は東日本大震災の直後であったため一時的に宗教への期待があがったものと思われる」と分析しているが、小谷研究員は「過去の別の調査では、死に往く際に宗教の効用は認めても僧侶は心の支えにならないという構図が見えた。葬式離れ、寺離れも根底で同じ。震災時には真摯に現実の苦難に取り組む宗教者の姿に『葬式不要論』も吹き飛んだが、結局は一人ひとりの生や死に真剣に向き合うことが宗教者に求められているということだ」と強調する。

ヴォーリズ病院ホスピス長だった細井医師は「亡くなっていく人に、生きて死ぬことの意味付けをすることは宗教者の仕事だ」と語る。震災で多くの犠牲者を弔い、被災者を支援して今も地域に関わり続ける岩手県釜石市の住職も言う。「宗教が目先のご利益ではいけない。すべてのいのち、弱く小さな人々に寄り添うことこそが使命ではないか」。

3　死を視野に今を生きる

自分の死を考える集い

「ぼけは治らないし、予防もできない。ぼける前に死ぬしかないでしょうね」。中村仁一医師（78）がそう発言すると、広いホールを埋めた200人ほどの中高年男女の聴衆がどっと沸いた。京都市内で20年以上前から毎月開いている「自分の死を考える集い」の262回目となるこの日のテーマは「認知症と医療」だ。中村医師は「医療は『やって見なければ分からない』という本質的に不確実なもの」といつもの「医療神話」批判を繰り広げ、「病気を治すのは薬や医者ではなく自分自身の体。医者に丸投げではなく、医療はできるだけいい状態で生きることを目指して自分で考えて適当に〝利用〟すべきものです。だが治らない病や老いもあり、それは受け入れて自分らしく生きて行くのが大事」と語りかける。

「人は繁殖を終えたらしっかりした死に様を若者に見せるのが仕事」など皮肉たっぷりの語り口だが、本質的な事にずばり言及する姿勢には多くのファンがいる。「集い」は終末期を中心に医療全般、終活や人生論にも及び、この日も「（認知症への）対応は医療より人間同士の関わり合いです。老人には、やれることはしてもらう方がいいが、『できるところまでやって』と言うのは罪。やってできなければ

『ここまでか』と傷付く。本人のプライドは重視しなければ」と強調した。

「もう回復の見込みのない高齢ならむやみに検査など受けない。大丈夫と言われたくて受けるのに、悪い結果を宣言されたらショックでしょう。症状もないのに受けて〝早期発見〟してもストレスになるだけです」。会場からの「ぼけ予防の運動の効果は？」との質問にも「楽しんでするならいいが、年取ってから何も嫌なことをしなくていいのでは」といった話が次々飛び出す。人は必ず死ぬということを前提に生を充実させる。「今を輝いて生きるために死を視野に」が集いの合言葉だ。

「自分の死を考える集い」で中村医師は終末の話題をユーモアたっぷりに話す（京都市内で）

本業は病院長・理事長を経て現在は同市内の特別養護老人ホーム付属診療所長だ。平均85歳以上の４００人もの高齢者を担当、「看取り期」の人は常に4、5人おり、年に60人以上を見送る。9割が老衰で、口から食べられなくなったら10日程度で最期を迎える。「食べないから死ぬのではなく、死に向かうから体が食べることを欲しない。それを無理に栄養補給するから本人が苦しむ。何もしなければ、自然な飢餓脱水状態になり、脳内モルヒネが分泌されて枯れるように楽に亡くなるのです。家で大往生した昔のご先祖は皆そうですよ」。中村医師は長年にわたり、一切の医療措置をせずに４００人以上の最期を見て来た経験からの持論を力説する。だが、多くの家族らは死の兆候が見えると大病院に入れたがる。「自然な死を見たことがなく怖いからです」。「過剰医療、過剰看護」だと疑問を投げかける。

だが、死や老いへの苦悩も聞く。「以前のように歩けない」「目が見えにくい」と言っては医療を求める人も多いが、中村医師は「高齢ならばどこか悪いのが当たり前。それとどう付き合うかなのに、老いが受け入れられず、病気とすり替えて病院へ行けば治ると思い込んでいる」と指摘する。

だが、悩む本人には「以前は駅まで10分で歩けたのが30分かかるようになった」と嘆くより「30分でも自分のこの足で歩ける」と喜ぶ方が幸せだと諭す。「私もそうだけど、年のせいですよ」とやんわり伝えるのに、「自分自身が〝後期高齢者〟になったことは大きなプラスです」と高笑いした。

中村医師は古希を機に、自分で組み立てられる段ボール製の棺桶を購入し、自宅で毎年大晦日と元日に組み立てては中に入っている。狭い空間に横たわり、「死」を具体的にイメージして考える。「あの中にいると執着心が薄れ、あの世には金も地位も権力も何も持って行けないことを実感します」。そして例えば「余命半年」と言われたら何をしたいか、書き出してその年のうちに実行することにしている。やり残したこと、「誰かと大喧嘩したままだったら、この際仲直りするとか。そうすれば実際に死ぬ時に後悔が少なく、まんざら悪くない人生だったと思えるしょう」。家族や身近な人に対しても、「年1回でも、その人がいつ亡くなるかも知れないということを念頭において関係性を考え直し、付き合うことが大切ではないでしょうか」。「今を輝いて生きるために死を視野に」という「集い」のモットーを自ら実践している。

多くの日本人が死を遠ざけていると感じている。医療・介護保険制度を背景に核家族化などで家庭の介護力が低下し、死期が近付いたら入院が当たり前で、自宅で人が自然に逝くのを見ることがほとんどなくなった。中村医師は長年、医療現場でたくさんの人々の最期を見て来た立場から「死に方に良い悪いはなく、『尊厳死』などと安易に言うべきではない。巡りあわせです」という。

末期の延命措置について考えを持っていても、「たまたま外で倒れたら救急車で運ばれ、間違いなく集中治療室に入れられる」。なので、意識がはっきりして元気なうちに自らの終末期医療についての考えや葬儀など死後の希望を書面に書いておく「事前指示書」の重要性を常々訴えている。社会では「エンディングノート」などが注目されているが、勤務する老人ホームでは入所者がかなりの高齢であることもあり、意向を前もって指示している人も家族と話し合っている人もほとんどいない。「いざという時、本人の意識がなく家族が決めなくてはならないのは大変辛いことですよ」。

集いではいつも「人生をどう送り、締めくくるかという覚悟を定めることが肝心です」と力説する。そして、しっかり見つめれば「自然な死は怖くない」と付け加える。著書『大往生したけりゃ医療とかかわるな』がミリオンセラーを続け、数か国語に翻訳もされるほどの反響を呼んだが、それは決して「医療全否定」ではない。集いでも毎回訴えるように、「自分の体、人生なのだから医師にまかせきりにせず、例えば『楽に過ごすためにひどい痛みだけは取って』と主体的に使うことが大事。医療は人間らしく生き、死ぬための一手段に過ぎない」と説く。発熱は病原体を制圧する体の防御反応なのに、ちょっと熱があるからとすぐに医院に飛んで行き、解熱薬を飲んでいたら、自分の体のどんな状態が平常で自然なのか分からなくなる。

ホームでの長年の経験から、死因のトップのがんでも「高齢者ならば何も治療しなければ痛まない。薬などで叩くから苦痛を味わうのです」と語る中村医師の胸の内には、自らも所属する医療業界に対する不信感もある。「極端な研究例を挙げて技術進歩のエビデンス（証拠）とし権威的に国民に押し付ける。患者が辛くても医者は痛くも痒くもないですから」と激烈なのは、「いのちは患者自身のもの」という信念からだ。

「時に治し、しばしば和らげ、常に癒す」。16世紀フランスの外科医アンブロワーズ・パレのこの言葉を中村医師は「現代にも通じる医療の本質」だと語る。医学や医療技術が目覚ましく発展して病人が激減したかといえば、日本では「高血圧患者」が4300万人以上、糖尿病は予備軍を入れて2000万人、骨粗しょう症が1400万人など「病人」だらけだと指摘する。「再生医療も臓器移植も、しょせんは中途半端で未熟な技術。これだけ医療が進歩して例えば高齢者が幸せになったかというと、疑問です。医療が過剰な検査や不自然な措置で〝病気〟を増やしているという側面もある」と言うのだ。死を視野に、老いや治らない病気をいかに受け入れ、それと共存しながら生きるか、というとらえ方を強調する。パレは「我、包帯す。神、癒したまう」との言葉を残している。「これは医療の問題ではなく人生の問題」とする中村医師は、40代に仏教と出会ったという。

治る伝染病などに替わって完治しない「生活習慣病（成人病）」が増え、医師としての無力感にとらわれていた時期、自らも激しい不整脈に襲われた。死を予感するほどの苦しさが治まらない。「これは引き受けるしかない」と思ったが生きる支えがほしくて宗教書を読んだ。聖書はなじめず、仏教書も初めは「死後の極楽など説かれても生身の人間に役立つものか」と思った。

だが読みあさるうちに「生老病死の四苦は『思い通りにならないこと』」との言葉に出会ってすとんと腑に落ちた。「思い通りにしようとするから苦しいのだ」と悟ると気持ちが楽になり、治療を受けるのもやめた。病を受入れ、医療は限定的に利用するという姿勢はこの時から。現在も心臓病と喉に腫瘍らしきものがあるが、痛まない限りは検査も何の治療もしない。

キリスト教の神になじめないのは「自分の力で生きて来た」と信じていたからだが、仏教の「人は縁で成り立っている」という縁起の教えには納得でき、その「縁」、つながりを大事に生きなくてはと思うようになる。その1980年代、勤務する京都市内の病院で京都仏教青年会の僧侶たちが入院患者相手に「病院法話」を始め、中村医師も協力していた。大きな宗門も僧侶が医療現場などに関わる「ビハーラ活動」を開始するなど、医療と宗教との接点が注目され始めた時期だったが、「法話」は長続きしなかった。

「患者は『今日はだめでも明日にも特効薬ができるかも知れない』と医療信仰にとらわれている。そこへ死が近くなってから見ず知らずの坊さんが来るのはやはり無理がある。仏教はそもそも生きる指針であるはずで、日頃の生活の中で人々につながりを持ち、関わってほしい」と医師は振り返る。「葬儀や法事、月参りでも普段からの付き合いの中で死を視野に生きることをしっかり説いてほしいですね」。

治療を断り自宅で迎えた最期

中村医師の考えに共鳴し、「自分の死を考える集い」の世話役も務める京都市山科区の村西道子さん(67)は、死を視野に入れながら病をも受入れ、「人は生きて来たように死ぬ」との言葉に確信を持つという。自分らしい最期を迎えるために医療との関わりは最小限にすることを以前から夫婦で確認し合い、2004年11月に夫康彦さん(当時58歳)が末期の骨髄性白血病になった時、病院での抗がん剤などの治療を断った。医師に「人殺しですよ！」とまで言われたが、固い約束で結ばれた夫婦は住み慣れた自宅に戻って正月を過ごし、そして夫は最後は緩和ケア病棟で安らかに旅立った。

「あり得ない！」。夫の治療を断り自宅へ連れ帰る際の医師の言葉を村西さんは今もはっきり覚えている。しかし「夫婦で決めた通りにできて良かった」と後悔はない。高校の地理教諭だった康彦さんが入院した際、がんは悪性でかなり進行していた。通常なら抗がん剤治療を重ねた後に骨髄移植をするケースだと説明され、「しません」と康彦さんが言うと40代の男性医師は「死にますよ！」と告げた。帰宅したくて仕方なく1クール10日間だけ治療を受けたが、道子さんが世話に行ったある日、移植に向けた検査に太い針で骨髄を抜かれ、夫は「痛い。治らないならもうやめたい」と天井の一点を見ながら訴え

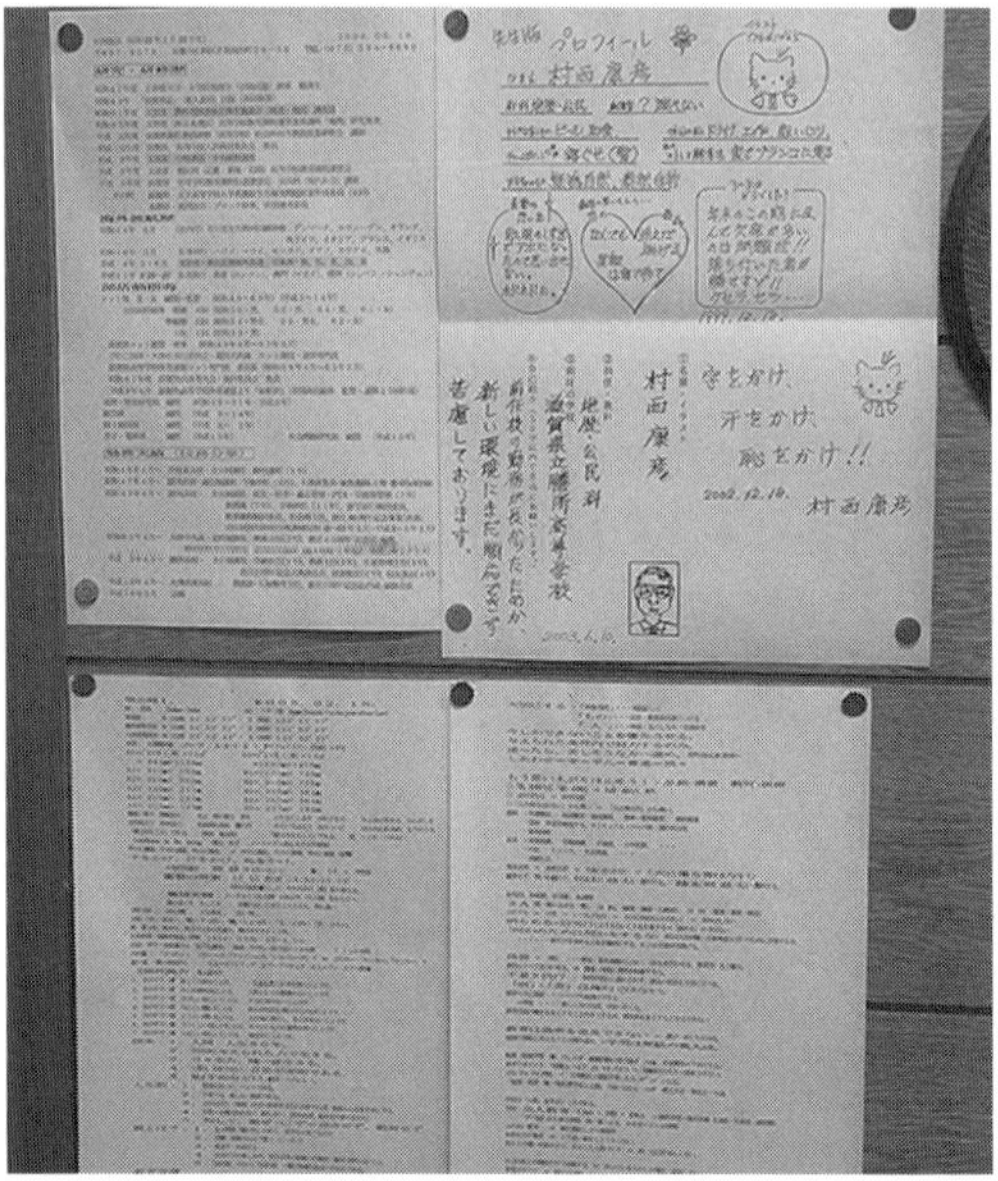

村西さんの夫の「申し送り」は今も居間に張ってある

た。

苦痛に悩みながら夫婦と医師らとの葛藤が続く。「移植ドナーを探します」「必要ありません」。モルヒネ投与も辛く、中心静脈栄養の措置も痛い。「もう帰りたい」「すぐにも再発しますよ」。幸い小康状態になったので年末に帰宅する。夫婦で例年通りに大掃除をし、年始には妻が作った煮しめで夫はうまそうに酒を飲んだ。

2人の信念は固かった。康彦さんは若い頃に整腸剤キノホルムによる薬害スモン病に罹って神経症状に苦しんだ末、治療も不備で足のしびれの後遺症が残った。医療の怖さ、限界を身に染みて知っており、結婚した20代から「むやみに医療に関わらない」と話し合っていた。妻は最初は違和感があったが、自ら慢性腎炎になった際に検査漬けの治療をやめて生活を改善したら回復した経験から夫の考えが腑に落ちた。

康彦さんは周囲から「なぜ病気と闘わないのか」と聞かれると「何事も争わずに生きて来たから」と答えた。「お世辞や思ってないことを言わない真っすぐな性格で、闘争心があっても表に出さず温厚な人でした」と妻。入院中、「何もしないなんて」と迫る医師に「明日死んでも悔いはないという本人の意思です」と応対した妻に夫は、「あんたが嫁さんで良かった。よう言うてくれた」と伝えた。

春前に肺炎を患い、「元の病気は治らないんだから」と治療せずに迷わず大津市の緩和ケア病棟を選んだ際、あの医師も「一貫されていて感心しました」と徹夜で紹介状を書いてくれた。末期の床で窓の外の琵琶湖を見て「きれいやなあ」とつぶやく夫の姿が道子さんの目に焼き付いている。

夫婦の選択には様々な意見があるだろう。道子さんは夫の消えゆくいのちを見つめながら医療と向き合うのに、中村医師の著作や助言に支えられたという。「死を視野に今を生きる」ことは「死を求めるのではなく、いのちは授かりものだと思って後悔しない生き方をすること。苦しくても意識がなくても最後まで生き切る、安楽死や『尊厳死』など人為的なことではなく自然に死を迎えることです」と言う。

夫は「仏教で言う『四苦八苦』。思い通りにならないことを思い通りにしようとするから苦なのだと教えてくれました」。いのちを思い通りにせず「自分らしい最期を迎えるために」道子さんは終末期医療についての「事前指示書」を毎年の誕生日ごとに書いている。康彦さんが自分の終末期や死後のことについて40代で『申し送り（遺言状）』をしたためていたのが手本だ。几帳面な夫は医療や葬儀、財産処理など詳細に記したA４判３枚の文書を毎年更新しており、「自分に与えられた力で日々精一杯生きる」と書いた最後の文書が今も自宅居間の壁に貼ってある。

4　「安楽死」「尊厳死」

「安楽死事件」

京都市の中心部から北西へ車で1時間半ほどの山間の平野に市立「京北病院」がある。7診療科、38床の総合病院。市町合併前の旧国保京北病院時代の１９９６年4月、ここで医師による「安楽死」事件が起き一躍名が知られた。当時の院長が、末期がんで昏睡状態の男性入院患者（48）に筋弛緩剤を投与し、約10分後に死亡させたとして殺人容疑で書類送検された。

院長は発覚直後に「安楽死の認識はあった」と話したが、捜査の進展で「苦悶を見ていられず、それを取る医療行為」と主張を変えて殺意を否認、遺体も火葬後だったため結果的には死と投与の因果関係が立証困難として不起訴になった。だが患者に病名は告知されておらず、本人の意思表示もなく院長の独断だったことが問題視され、医療、法律界や福祉関係者など社会に波紋を広げた。

亡くなった患者と院長とは20年来の知人という関係で、当時「慈悲行為」と擁護する声もあった。小規模ながら同病院は待合ロビーには図書コーナーや畳敷きの憩いの場も備え、今も過疎地域医療の中核を担っている。診察を待つ男性（75）は「地元になくてはならない施設」と言い、だが事件には「がんの痛みで苦しむなら私自身は死を望むかも知れないが、医者が患者の同意もなしにというのは……」と困惑の表情を見せた。「安楽死事件」と呼ばれたのは、先立つ91年に殺人罪として刑事裁判になった希少な例の「東海大病院事件」以来。同事件は、末期がん患者に担当医が殺意を持って塩化カリウムを投与し死なせたとして横浜地裁で執行猶予付きの有罪判決が確定した。

判決では、医師による積極的安楽死として違法性が阻却され許容される要件を、「1．患者が耐え難い激しい肉体的苦痛に苦しんでいる　2．死が避けられず、死期が迫っている　3．肉体的苦痛を除去・緩和するために方法を尽くし他に代替手段がない　4．死を承諾する患者の明示の意思表示がある」とし、本件はうち1と4が満たされていないので有罪としたが、この4要件がいわば判例のようになった。

しかしこれは、医師が自ら手を下して事件になるという限定的なケース。「安楽死・尊厳死」問題を研究する生命倫理学者の大谷いづみ・立命館大学教授（58）は「4要件は起きた事の後始末に関するものであり、これが満たされれば医療現場でしていいということではない」とし、「意思表示」も「医療者や家族の納得のためではなく、あくまで本人本位でなければならない」と強調する。

２００６年に発覚した富山県射水病院事件では、外科部長が5年間で意識のない末期がん患者計７人の人工呼吸器を取り外し、死に至らせていた。県警の捜査で、部長が院内で相談せず独断で実施した例もあったが、家族らの「容認」が認められて不起訴となった。部長は「尊厳死だと考えていた」と報道された。

同事件をきっかけに論議が高まり、終末期医療のガイドラインを作る動きが出た。厚生労働省や救急医療学会が延命措置の扱いについて協議や同意の手続きを盛り込んだ指針を作成。国会では超党派の議員連盟が「尊厳死法案」を発表した。この流れの中で、終末期に心肺蘇生や人工呼吸器などの延命措置をしない、あるいは中止するのを「尊厳死」とするような議論が再び盛り上がる。「いのち」の専門家である宗教界には批判的な意見が目立ち、大谷教授は「『尊厳死』どころか、最近は安楽死を志向するような言説も広がっている」と指摘する。

壁に大きな絵がかかり、窓から陽光が差す部屋。ゆったりしたソファに白髪の男性（71）が妻と腰掛け、白い液体の入ったコップを手に持つ女性スタッフが話しかける。「スメドレーさん、確認しますが、あなたはこの薬を飲みたいのですね？　この薬を飲むとあなたは眠り、そして死ぬことになります」。ゆっくり念を押すような口調だ。これは外国人も含めた「安楽死」を法で認めている数少ない国、スイスの自殺幇助団体「ディグニタス」のクリニックで、英国の富豪ピーター・スメドレー氏が実際に薬で「安楽死」する場面を撮影した２０１１年のドキュメンタリー映像だ。

ラフなシャツ姿のスメドレー氏は「はい、そうしたいと思っています」と答え、スタッフがもう一度確認した上でコップを手渡すと、一気に飲んだ。薬が苦いのかテーブルに用意されたチョコレートを食べ、スタッフたちに「ありがとう」と別れの握手をする。傍らで膝に置いた夫の手をさする妻に「Be strong, my darling（しっかり生きてね、愛しい人）」と声をかけた。妻はうなずくが夫が苦しそうに咳き込むと怯えた表情に。スタッフが介護し妻が肩をさすると、氏はゼイゼイという息になり、しばらくするといびきをかいて昏睡した。

最後にスタッフが「とても深い眠りで苦しみはありません。それから呼吸が止まり、心停止します」とカメラに向かって説明する時には、氏は頭をがっくりと肩に落としていた。実業家のスメドレー氏は運動ニューロン病という不治の難病で、この撮影に同意した。これが「安楽な」死なのかどうかはともかく映像は世界に衝撃を広げた。

ネット上には、他にもスイスでの例や米国で余命半年を宣告され自ら死を選んだ脳腫瘍の女性（29）の映像があり、これらをユーチューブで見られる日本でも様々な反応が書き込まれている。「どんな最期を迎えるか、それは本人が決めること」「治らない病気で苦しむなら安楽死がいい」と肯定する意見の一方、「映像を見て、俺は一生懸命生きようと思った。生きていつか幸せになりたい、辛くても生きようと思う」「人間はたくさんの命をもらって生きているのに、自分が治らない病気だと分かったら楽な死に方を選ぶのは身勝手。皆で支え合うべきです」と批判する見解も目立つ。

しかし、「重度の障害を負ったら安楽死してもいい法律を。50年間目の見えない生活なんて想像しただけでも寒気がする」と優生思想を伺わせ、実際に目が不自由で生きている人々への想像力が微塵もない言辞がある一方、「26歳で軽度発達障害……、仕事の失敗で親元に戻って無職になり資格も免許もない……不幸な人生を送っている。今後頑張って何も変わらなかったら安らかで楽に死にたいくらいだ」という書き込みもある。ネットのゆがんだ性質もあるが、これらは問題の本質が終末期医療に留まらず、実はこの社会におけるいのちのあり方、それを支える仕組みのあり方であることを物語っている。

「死を自分らしく人間らしく、は否定できない。安らかに死にたいのは誰も同じです」。そう語る大谷教授は、だがその個人的願望が社会的な言説となると「誰がどんな文脈で言うかだ。影響力のある人だと一方的にそれが規範となり、そうでない人への押しつけとなる危険がある」と釘を刺す。「尊厳死」論議ではよく「何も弱者の医療中止をと言っているわけではない」との発言があるが、明言するかどうかではなく背後に弱者のいのちを軽視するような考え方が横たわることが問題視されているのだという。

意見は様々にあるだろう。それが社会的力となって例えば人工呼吸器を付けて生きる人への圧力となるようなことが問題なのであり、この先には苦痛しかないという状況の人が今辛うじてあるささやかな喜びの中で死を迎えたいと考えるのがその人の自由意志ならば、それ自体は尊重されるべきだろう。

会員が現在10万人以上いる「日本尊厳死協会」は、1983年に改名するまでは「安楽死協会」の名称だった。「安楽死」と「尊厳死」はどう違うのか。前者は薬品投与など作為的な生命短縮を含むが後者は延命措置をしないなどいわば〝消極的安楽死〟とする見解もあるが、統一基準はない。「尊厳」は明らかに価値を示す表現であり、メディアによる宗教界の意識調査では「どんな死も生も本来尊厳があるのに、『尊厳死』の呼称は延命措置中止を美化する価値基準を含む」（浄土宗など）といった批判、法制化にも反対する意見が目立った。

この問題で研究発表の多い大谷教授は「『安楽死』は戦前のナチスによる障がい者の大量虐殺の『安楽死政策』というイメージがあるので言い換えられる。両者に実質的差異はなく、非常に幅広くあいまいで主観的概念です。だがそれを声高に主張すると、『無意味な医療措置による無駄な延命＝悪』という価値観が一般的〝基準〟とされ、延命措置などによって生きている障がい者、重病者への抑圧につながる」と厳しく批判する。

生命倫理学界には、ナチスの「不治の病にあり、本人自身や他人に重大な負担を負わせている者、死に至ることが確実な病にある者は、当人の明確な要請に基づき……医師による致死扶助を得ることができる」とした安楽死法案と現在の「尊厳死法案」との共通性を指摘する意見もある。宗教界では「自己決定権として人間の終期や終わり方を選択できると考えるのは人間の思い上がり」（大本）といった疑問が多い。その背景に「いのちの価値」に差を付ける優生思想が横たわるとの見方があるからだ。

大谷教授は、76年に安楽死協会を設立し立法化も目指した医療・性科学者の太田典礼氏（85年死去）の「排除の論理」を問題視する。太田氏は著述で高齢者について「社会にめいわくをかけて長生きしているものも少なくない。……もはや社会的に活動もできず、何の役にも立たなくなって生きているのは、社会的罪悪であり、その報いが孤独である」と公言し、「障害者も老人もいていいのかは別として、こういう人がいることは事実です。しかし、できるだけ少なくするのが理想」「どの程度ボケたら人間扱いしなくてよいか、線をひくのがむずかしいし、これは精神薄弱者やひどい精神病者にもいえる……この半人間（ママ）の実態はどこまでもあいまいなままにされている」などと主張した。

障がい者19人を虐殺した「津久井やまゆり園」事件の被告にも共通する思想に、大谷教授は「むき出しの差別性。だがそれは現在の言説にも通じている」と警告する。教授は、出生前診断が「この世への入会審査」と表現されたのに擬して、「尊厳死言説は『この世の会員審査』であり、自由な自己決定によって自らが会員制クラブの維持のためにクラブ外に出ていくこと、すなわち自らの『質の低さ』を自認して自らを死へと廃棄することを納得するための概念装置が、『犠牲』『尊厳』なのではないか」と分析する。

「不良な子孫の出生防止」を目的に障がい者らの強制不妊手術の根拠となった優生保護法（旧）の推進者でもあった太田氏は「劣等遺伝による障害児の出生を防止することも怠ってはならない」とも著書

で述べ、障がい者団体や文化人が激しく批判を続けて来た。

現在の社会の動向でも例えば、人工呼吸器を付けて生活する人の支援・家族団体である「バクバクの会」は「尊厳死」法制化に反対し、大塚孝司会長は「経済至上主義の中で、多くの人の心の隅に『障がい害者はいなくなればいい』との思いがあるのではないのでしょうか。障がい者が本当にいなくなったらどんな社会になるのでしょうか？　次は体の動かなくなったお年寄り？　事故や病気で体が不自由になった人？　自分は健康健常と思っても、いつ不自由になってもおかしくないのです」と訴える。

人工呼吸器をつけて暮らす

「お腹空いた？」。新居優太郎さん(18)は、母真理さん(46)の問いかけにまぶたをパチパチと動かして「はい」という応答を示す。生まれた時から全身がマヒし、人工呼吸器を付けて生きて来た。大阪府内のマンションの12畳ほどのリビングルームで両親の寝床の隣の大きめのベッドに横たわり、空気を送るポンプと気管を切開して挿入したチューブからヒューヒューという音がかすかにする。

長年寝たきりながら優太郎さんは、移動式ベッドで機器を装着したまま府立高の定時制に通っている。「バクバクの会」副会長家庭として真理さんは講演などでわが子の成長について話す機会が増えた。全国に約５００人の会員がいる会の「バクバク」という名は機器の拍動音から付けられている。

優太郎さんは出生時に呼吸がなく低酸素性虚血脳症と診断された。大脳の大部分がダメージを受けて「一日持つか」とされるが、人工呼吸器で命を取り留め、２週間後に母が手を触ると反応して目も開けるなどかすかに意識が表れた。衝撃を受けていた両親は嬉しさと早く家に連れて帰りたい一心で看護を続けたが、合併症も続いて入院は長引き、やっと帰宅できたのは3歳の誕生日だった。発声も含めて身体機能は回復せず、食事もできないので胃瘻を付けているが、真理さんは「可愛くて、そんなに落ち込

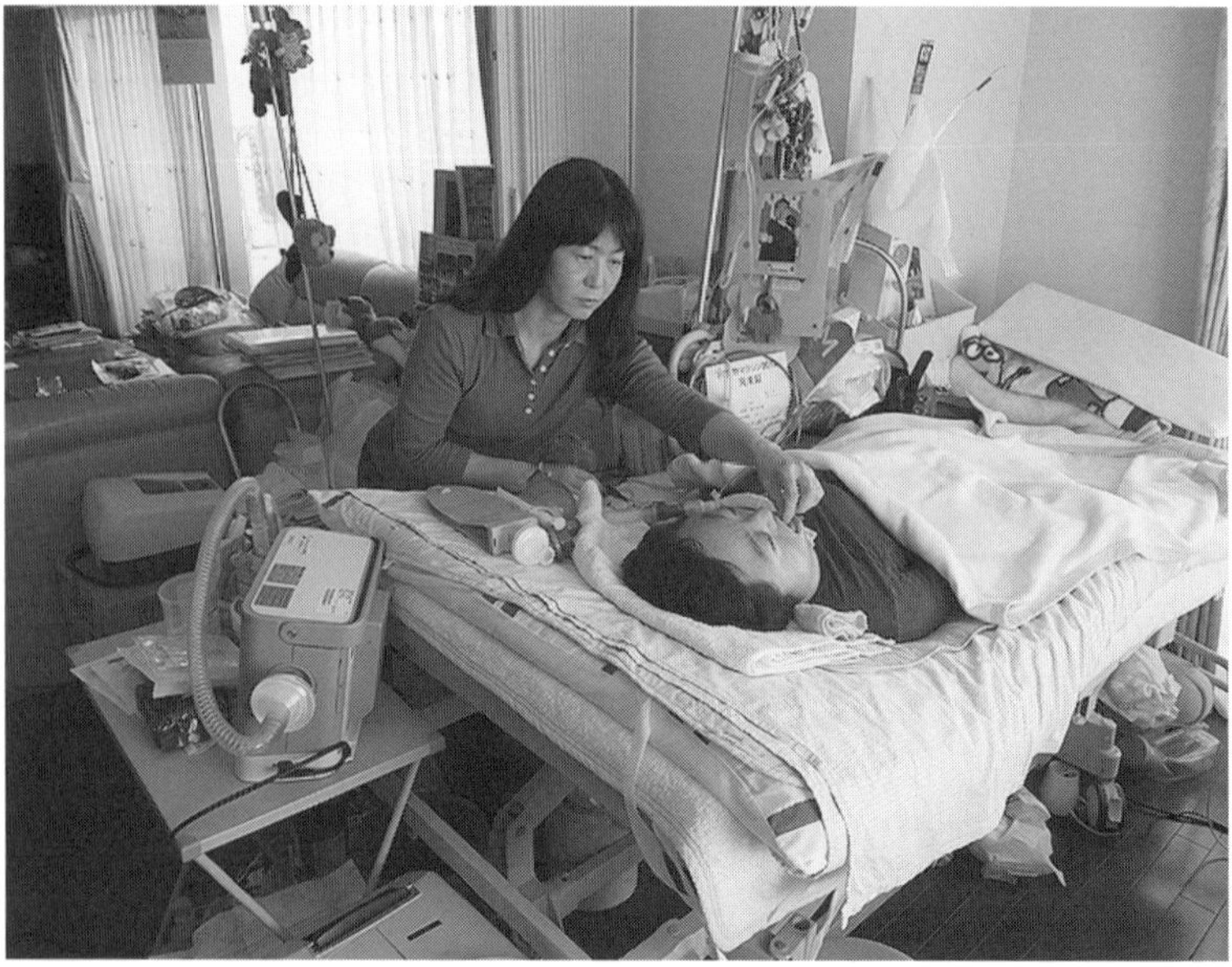

介護をしながら優太郎さんに話しかける真理さん（大阪府内の自宅で）

んではいません」と親子で懸命に頑張って来た。

成長につれて意識は回復し、保育園に当たる幼児療育園に入るとまばたきの会話で「楽しい」などとはっきり意思表示した。小学校以降も、ワゴン車による送迎や頻繁な痰の吸引などの介護が必要なため真理さんがほとんどの時間を費やして付きっ切りだったが、周囲は「障がい児を育てるならそれが当然」という対応だ。

子供が単独で通学する同じ会員の話に励まされ、小学6年生の時に教育委員会などと交渉して支援学校から一般校に移ったが、校長に「こんな人は病院にいるべきで、親のエゴだ」とまで言われた。一泊の校外学習では「何かあったら困るので参加しなくていい」と拒否される。看護師や専門教諭を配置する中学校に入っても状況はあまり変わらず、両親は常に学校側と緊張関係に置かれた。

「障がい者は障がい者同士、などと世間にバリアが根強い。いのちはどの人も等しいのに、意思疎通が難しいからといって軽んじられるのはおかしいです。このような重度の障がい児でも支援があれば普通に生活できるということを、なかなか見えにくいとは思いますが、徐々にでも社会に知ってもらいたい」。そういう真理さんは学校の休日に家族3人で温泉に行くなど旅行を楽しみにし、優太郎さんも生活を楽しんでいる。高校で優太郎さんは友人も多く、「科学部」でクラブ活動もする。小惑星探査機「はやぶさ2」プロジェクトに採用された、0・5秒間無重力状態を再現するという同部の研究でも実験や発表案作成に加わった。

今も介護は欠かせず、真理さんは優太郎さんが後輩女子生徒と〝デート〟するのにも付き添ったが、「お邪魔虫ですよ」と苦笑しながら息子の成長に表情は輝かしい。「大変ねって言われるけど、子育てはどの子でも大変。辛いのは周囲の偏見で、決して不幸じゃありません」。障がい児の家庭が「幸せ」という、ダウン症児の家庭を対象にした意識調査でも92％に上るその実感を敢えて尋ねると、真理さんははっきり答えた。「幸せって思わないとやってられないという気もなくはないけど、多くの苦労を家族で乗り越えて来た、その達成感は本当に幸福なんです」。

人工呼吸器を付けた優太郎さんの医療費は、国の特定疾患指定や障がい者認定によって軽減され、例えば入院で100万円かかっても大部分は税金などを含む公的財政から支出される。だが母真理さんは「だからと言って人の生命が費用で論じられるのは悲しい」と訴える。介護機器やヘルパー代など自己負担もかなりの額に上る。

終末期医療問題でも高齢者医療や個別患者の延命措置と膨張し続ける国の総医療費とが関連付けて論じられる。「一人の命は地球より重い」と言われながら経済の論理が持ち出されることには、「尊厳死」法制化を「財政や経済などあらゆる場面で効率化や能率化が追求され……国の総医療費圧縮の狙いが見え隠れするもの」と批判が目立つ。例えば、生命倫理問題に積極的発言をしている「大本」など宗教界は特にそうだ。総医療費は毎年40兆円ほど。一方、事故続きの軍用機オスプレイの自衛隊への導入予算は1機だけで100億円以上、再三の重大事故で運用破綻し一度も本格稼働できなかった高速増殖炉もんじゅには過去に1兆円もが費やされた。

大谷・立命館大学教授も最近の安楽死論議の背景を「長寿社会と総医療費増大」と分析し、日本でも欧米でも経済格差の中で比較的裕福な層が論議を進めているという現実を挙げる。そのような流れを危惧するのは、自ら幼時にポリオの後遺症で両下肢がマヒするという重度の障がいを持って生きて来た経験にも裏付けられている。

若い頃からいのちの問題を考え続け、ナチスの安楽死政策や生命倫理学に研究の興味が向く。出生前診断については、「障がいのある自分が障がいのある胎児を選択的中絶するのは自分が自分を殺すことだ」と感じた。しかし、「障がいは私の大きな属性ではありますが、その一つに過ぎません」と言う。子供の頃に運動会で自分が入場するとひときわ拍手が大きくなることに強烈な違和感を抱いた。だが一方で、知的障がいのある子がいじめられている横を「私はあの子とは違う」とうつむいて通り過ぎたことがあり、「自分の狡さ、卑怯さを決して忘れることのできない体験」と内省する。

20歳の頃にキリスト教の洗礼を受けた。倒れた旅人を救う聖書の「善きサマリア人」の逸話のように、困っている人を助ける「隣人」として「信仰は行いに現れ、行いそのものが問われる」と確信する。ただ、神やキリストを言葉で語る気がしないのは「自分の卑怯さを自覚した体験にルーツがあるのかも知れません」と。

そして以前に高校の倫理社会の教諭をしていた時の、心を揺さぶられた出来事がある。精神障がいを持つ教え子が病気を苦に投身自死した。数日前に会ったのに声もかけられなかった。次の日の授業で教師として生徒らに一体何を話せるのか悩んだ。そして、思いのままを口に出した。「あなた自身が生きる意味を見出せなくても私はあなたに生きてほしい。あなたが存在していること、それ自体がもつ可能性を信じるから」。

役に立つ立たないではなく、「誰でも条件なしにそのままの自分で存在していい」。「語るべきは『美しく死ぬ作法』ではなく、『みっともなくても生き延びよ』ということ」。それが大谷教授の思いであり、「教育が天職」との信念にも「安楽死」研究の根底にも通じる。

「バクバクの会」は「生き抜く子らの姿から生きても仕方ない命など一つもないことを教えられました」として「いのちの宣言」を掲げる。「わたしたちは、みんなつながっているにんげんです。そのいのちをひとりのにんげんとしてたいせつにすることがもとめられています……とおといしにかたはありません。とおといいきかたと、とおといいのちがあるだけです」。

尊厳死協会で

終末期の延命措置を断るなどのリビングウィル、事前指示書である日本尊厳死協会の「尊厳死宣言」は多くの医療機関に認知され医師の理解が広がった、と説明するのは同協会関西支部理事の竹内奉正さん(72)。協会が2016年に亡くなった会員の遺族にアンケートした結果、910人の回答の中で終末期に「医療者に事前指示書を提示した」は85％で、うち「医療者に十分受け入れられた」は60％、「どちらかといえば受け入れられた」は31％に上ったという。竹内さんは「延命がどうこうよりもきちんと看取りができるかどうかが重要。緩和ケアも大事ですし、これから増える在宅への対応が課題」と強調する。同協会の中でも様々な意見がある。

終末期だけでなくそこに至る老後の生き方こそが大切と竹内さんが力説するのは、超高齢化で「人生

100年」時代が到来しているからだ。「『宣言』は入口であり、そうすれば楽に死ねるなどということではなく、死を視野にそこから人生を考え今をしっかり生きることが目的」と語る。

竹内さんが「いのちを見つめることが大事」と繰り返すのは、母を8年間の介護の末に2017年、98歳で看取った経験による。母は認知症にもなったが、施設や医療・福祉制度は「高齢者ファーストになっていない」と痛感した。だが親戚にも支えられ、最期は特別養護老人ホームで安らかに旅立った。世間で「迷惑をかけたくない。自分のことは自分で決める」との意見がよく聞かれるが、竹内さんは違う考えだ。

「病気などになったら人の世話になるのは当然。自分で決めた意思も他者に伝わらなくては意味がない。問題はコミュニケーションの有無で、迷惑とは思わない周囲との関係性、自分だけではどうにもならないことを共同作業で実現できるかどうかが重要です。それがいのちのあり方であり、僕のいのちも僕だけのものとは思っていません」ときっぱり語る。

竹内さんが13年3月に協会に入会したのは、「平穏な中で意識があるままで『ありがとう』と言って死にたいと思った」からだという。マーケティングリサーチの仕事をして来た竹内さんは実は、現在広く普及し数多くの種類が出版されている「エンディングノート」の生みの親だ。所属する高齢者NPO「ニッポン・アクティブライフ・クラブ」の会員意識調査で「人生の終い方」への関心が非常に高かったことから、03年に制作した日本初の「ノート」が爆発的にヒットしたのが、竹内さんの「自分らしく」の原点だ。

協会では様々な情報を交換するため会員の「サロン交流会」を都道府県単位で実施し、関西支部では竹内さんの奈良県で開始した。リビングウィルについては毎年研究会を開き、事前指示書の内容もきめ細かくなってきていると言い、「協会は時代の流れを汲みながら大きく改革・変貌してきています」と話す。そして付け加える。「体が動けなくなった人を、家族や周囲の人は支えることで人生を変え、本人はその支えによって生きていく価値が輝くのです。いのちの重みへの思いを子孫に引き継ぐのが私たちの役目です」。

終章　いのちに寄り添う

1　見送りの場で

落ち着いた荘厳《しょうごん》（飾り付け）の須弥壇の前に棺に入った故人が横たわる。井上城治住職（44）が亡き人の「人生の歩み」を紹介すると、参列した肉親らが心を寄せた。東京都江戸川区、真宗大谷派證大寺での葬儀「浄縁葬」は、死者との関わりを見つめ死を通していのちを学ぶ場。井上住職は「別れではなく故人との〝出会い直し〟の機会」と言い、2012年から毎年20件近く営まれている。「故人は私たちを導く仏様。いのちあるものは必ず死す、よりよく生きてくれと、身をもって示しておられるのです。それに目覚め、仏様の事を自分事にするのが仏事」。浄縁葬では基本的には遺影を用いずに亡くなった姿をそのまま見てもらうなど、四十九日まで故人とのつながりの重視は徹底している。

浄縁葬をする場合は、亡くなった人は霊安施設ではなく自宅か寺の書院に安置して、臨終直後の枕勤めをしっかり行う。「それが出会い直しの出発点。親族にご遺体と向き合っていただきます」と、通夜の夜には十分に時間を取って遺族が故人と対面し、思い出を話し合う。そしてその故人の「人生の歩み」を文章に書いてもらい、葬儀の場で住職が読み上げることにしている。

何か月も闘病の末に肺炎で亡くなったその70代の男性は長年、文筆の世界で活躍した。学生時代は船乗りに憧れ、1年休学してマグロ漁船に乗り込んだ。結婚して長男をもうけたが妻に先立たれ、59歳で再婚するまで仕事に励みながら男手ひとつで息子を育てた。葬儀では棺の前に立った井上住職が、安らかな顔を見ながらA4の紙にぎっしり綴られた「歩み」を読んだ。戦前に中国に生まれて5歳で引き揚げ、長崎で育った。若い頃に同人誌に投稿した作品が高い評価を受けたこと、東京での新婚時代に親戚がよく集まったこと、息子に弁当を手作りしていたこと、弱音を吐かない強い性格、そして最期の様子……。長い人生の物語の朗読が堂内に響き、親族が涙を拭きながら思いを重ねた。

このような葬儀で遺族は「十分、思う存分に泣くことができた」と、悲しみだけではない感情を表すことも多いという。読経と焼香が続き、住職が葬式の意味を話す。そして出棺の前、祭場の扉を締め切り、家族だけの最後の時間が持たれた。「慌ただしくてゆっくり偲ぶこともできないのではなく、心ゆくまで話してもらいたいから」と住職は意義を語る。式で一般の参列者にもできるだけ故人の顔を見てもらうのも、その人と出会った意味を思い起こしてもらうため。全員に「故人に手紙を書いてみませんか」と呼びかけるカードと同寺の住所を印刷した封筒とを配る。カードには「仏教は人を二度死なせてはならないと教えています。二度目の死とは故人と出会った意味を忘れること。あなたには故人と出会った責任があるのではないでしょうか?　いま、何を思い出しますか?」と住職のメッセージが書かれている。

死者と面識のあった人々に様々なエピソードや思いを書いてもらい、寺に届いたこの手紙を、四十九日法要で家族に手渡す。「先輩にはお世話になりました」「よく一緒に遊んだね」。知人らからの「手紙」によって「父はこんなに頑張っていたんだ」と、家族が知らなかった一面を知ることも多い。簡素化し参列者が少なくなる一方の現代の葬儀では見え難い関係性が浮かび上がる。「家族と参列者とのまた新たな出会いも生まれる。縁に支えられて生きている人のいのちについて勉強したなあと感じられるような葬儀でありたい」と住職は強調した。

井上住職が浄縁葬で人々に伝えたい「いのち」の意義とは何か。「私も含めてすべてが大いなるいのちのつながりの中にある。いのちが私を生きているのです」。「よく生きよと親に願われている」。それが、心の拠り所である阿弥陀如来の本願、願いであると同時に人間一人ひとりの願いだという。「誰もむなしく生きたいとは思っていない。子が生まれた時には皆が『会えて嬉しい。よく育って』と願うが、『よく稼げ』『勉強せよ』とは言わないでしょう」。そのように願われて生まれ、生きていることを人は忘れるが、思い出させてくれるのが「南無阿弥陀仏」という念仏だと住職は居並ぶ参列者に語りかけた。

そして葬儀では常に、死は人生の完成だと説く。「だから亡くなったら仏になる。大借金作った人も葬儀がいやな人も仏になります。死んだらそうなることを生きているうちに知ることが大事です」。弟子たちや衆生に見守られながら安らかに死を迎えた釈迦。「あれこそが正しい死にざまであり、学ぶべき死に方」。そう強調する井上住職には、自らの親との死別体験がある。

先代住職だった父親とは確執があったという。「それは水に流せないくらいの対立」で、若い頃には寺にも反発を感じた。その父は62歳で末期がんに苦しみながら亡くなった。だが死の直前、「自力作善、愚父の唯一心の救いは仏子浄慈との出遇い」と色紙に書いて残してくれた。「浄慈」とは井上住職の法名。生前に「浄土はいいところだから死んだ後は暗くない」と語っていたことが胸に浮かんだ。「いろいろ教えてほしかったのに、結局、死にざまで教わったのです」。死は苦だが、しっかり見つめなければならない。ただ思い出を話すのではなく、故人から何を教えられ、どんな課題をもらったか。「残された人がそれをどうするかが大切なのです」。

生活環境や医療の面からも死が日常から遠ざけられている社会だからこそ、死を通じていのちに気付く意義が大きいと言う。例えば證大寺で毎年夏休みの30日間、地域の子供たちを集めて朝の勤行や仏教の話の会を開く際も、葬儀を待つ遺体が書院に安置されていれば、遺族とともに見てもらう。「反発する子はいません。いのちの厳粛さを自然に感じ取ります」。しかし、そういう気付きがその人の死に際では間に合わない。「自分が浄土に往くと思って亡くならない方がいるとしたら、それは住職の責任です。情けない」。だから、いろんな人に真宗の教えを知ってもらうために積極的に様々な活動をしている。多くの人が集まりやすいよう銀座にホールを借り、「仏教人生大学」という講座を理事長として各界の講師を招いて開いている。毎月の法話会にも毎回数十人が参加する。寺はそれらの拠点。井上住職は「仏説無量寿経」に由来する自らの名前につなげて「寺は法の城。仏法を社会に公開するための場です」と語気を強めた。

「いのちの教育」というものは感謝と尊敬を学ぶことだととらえている。いのちが揺らぐこの社会で、生きているということを大事にする。だが生きていくことには「心の闇」もある。「それも肯定し理解するのが仏の教えのはず。若い人がやけを起こして暴走するほど生きたいと切望する気持ちに、仏教者は対応しきれていない。あなたはかけがえのない存在だと伝え、いのちに寄り添うことが重要です」。

2　揺らぐいのちのそばで

「いかがですか?」。大阪市住吉区、浄土宗願生寺の大河内大博住職（39）が問いかけると、末期がんで在宅緩和ケアを受けている檀家の60代の男性は「体重が減ってきた。体重計に乗るのが怖いよ」と答える。マンションの自宅へ参りに行った時だ。住職が仏壇に向かって読経すると後ろから男性の念仏が聞こえ、リビングで1時間ほどお茶を飲みながら話をする。男性は余命半年と宣告され、妻もがんで通院治療している。

「痛みが出て来た」と恐怖を訴える男性に住職は「そうなんですね」と相槌を打ち、気持ちを通わせる。「傾聴ではなく〝対話〟。まだ入口です」。そう言う大河内住職はビハーラ僧や病院の仏教チャプレンとして医療現場でスピリチュアルケアの仕事に長く携わり続け、2017年に父親の死去で寺を継いだ。高齢者の多い檀家はがん患者も少なくなく、「している事はこれまでの臨床ケアと同じ。本気で月参りして終生ケアさせていただく関係に変えて行きたい」と話す。「月参り」とは菩提寺の住職が檀家宅を月に一回参る習わしで、それが例えば独居高齢者の「見守り」にもなると近年、意義が見直されている。

社会の様々な問題に関わらねばという信念で寺から外へ出て活動し、自坊に戻っては地域に密接に関わる。常に人々の身近に寄り添うというその姿勢は一貫しているが、これまで生老病死の現場で幾度も厳しい状況に直面し、そのたびに自らを問い直し見つめ直して来た。それは、社会のいろんな苦難の現場に身を置く多くの聖たちにも通じるものだ。大河内さんは以前、周囲の大きな期待を感じながらも生まれ育った寺を漫然と継ぐことに抵抗感があり、「世間で苦しみや悲しみを経験することで本当の意味で檀家のこともしっかり考えられる僧侶になれる」と就職を前提に一般の大学に進んだ。だが夏休みに僧侶資格取得講座を受講して「仏教の壮大さ」に触れ、衝撃を受けた。それまで身に付けた作法や法務の意義を教えに学ぶ中で「経典があまりに奥深く、自分で問うて問うて問い続けるしか答えはない」と気付く。それが今の住職としての姿勢の基本だ。

大学で生命倫理や死生学を学んだのがターミナルケアやビハーラ活動への契機だった。在学中に日本初の仏教系緩和ケア病棟のある新潟県の長岡西病院にボランティアで入ったが、ここで僧侶としての存在を問われる体験をした。いつもは病室から出ようとしない80代の末期がんの女性が夕方、談話室で一人ぽつんと座っている。「珍しいですね」と声をかけ世間話をしたが、「仕事が終わりもう足が半分自宅に向いて」いた大河内さんは「じゃ明日またお会いしましょう」と別れを告げた。

だが女性は「明日まで生きていられるかな?」。ドキリとしたが大河内さんは「明日まで生きていられるかどうかは誰も分かりません。私だって」と答える。これはケアで死の不安に対処するマニュアル通りの言葉だった。ところが女性は「そういうことを言ってるのではないんだよ!」と語気を荒げた。大河内さんはもう返す言葉もなく、黙って逃げるように帰ったという。

「しっかり腹から出る言葉でなければ自身のいのちと向き合っている方との対話なんてできない」と悟り、これがその後の自らの原点だという。そして「あの方は不安で部屋から出られた。それに気付けば言葉よりも、帰らないで一緒にそばにいる、自分の存在で関わるしかなかったのではないでしょうか」。しかし、その後もケアの団体の研修では先輩に「まず自分と向き合え」と「ぼこぼこにされて」挫折する。他者を支える前に、「寺に育ったのに迷い続ける自らをケアし自己を立て直さねば」と思い知った。

20代後半でスピリチュアルケアの専門家となり大阪の病院で患者に接するチャプレンなどキャリアを積んだ大河内さんには、その後も心を揺さぶられる体験が続いた。研究者として在籍した上智大学グリーフケア研究所で、社会人の研修生に「寄り添うことが大事」と説くと、60代の男性が「寄り添うって簡単に言うな! 私たちは暗い海で救命胴衣もなく溺れているんだ。一緒に溺れてくれるのか」と怒り出した。多くの死傷者が出たJR尼崎線列車脱線事故で大学生の娘を亡くした父親だった。振り返って大河内さんは「それができなければケアではないとは思わないが、お話は重い。寄り添いができている、一緒に溺れていると思い込むのが問題で、できないということを自覚しつつ、それでもそこから出発して痛みとともに居続けることが大事です」と言う。

仏教者は苦しみとともにあろうとするのが原点、自分が僧侶だからするのが当たり前だと大河内さんは強調する。その重要な使命は「阿弥陀さんから与えられ、支えられている。究極的に僕には救えないからこそ、阿弥陀の光がその方を照らしてほしい」。逃げずにそこに留まれるのは信仰があるからだという。「真っ暗闇でこそ阿弥陀の光を見出せる、僕自身が阿弥陀さんと出会うために現場にいるという気持ちです」と語る大河内さんは、どうしようもなく理不尽な場面で『神も仏もない。阿弥陀さん何してんのや。そんな阿弥陀さんならいらない』と思う時もあります」とも。最愛の父の急死もそれだが、しかし「そんな僕も絶対的に受け入れる阿弥陀さんがいる。どんな状況でもその人に阿弥陀の光が当たっていないはずがないのです」と確信するという。

施設に入り生涯出られない高齢者にも接する。視力を失ったうえ難病で自らの人生を受け入れられず閉じこもる初老の女性に話を聞き、缶コーヒーを買いに散歩に誘った。「僕のできることはその程度で限られている。こんな苦を抱える人が社会にあふれていると思うと胸が痛みます」と俯く。

チャプレンをした病院では「一生忘れない」出会いがあった。まだ40代の末期がんの女性は薬の激しい副作用で体がボロボロになり、治療を打ち切るか続けるか夫と悩んでいた。続けなければ余命は少ないが、話を聞いた大河内さんが数日後に訪ねると「治療はしないで残された時間をゆっくり過ごします」と告げられた。

その後も面会のたびに、手芸で小物を作ってバザーで全部売れた話や夫婦で近くの温泉へ行ったことを話してくれた女性は、しかし最後には「でも悔しいです。この歳で死なねばならないのが悔しい」と繰り返した。話し相手しかできない大河内さんはやるせない思いだった。

だが次の面会予定の2日前、もう苦痛の限界なので沈静睡眠処置をするという直前に電話があった。「先生、ありがとうございました」と短い言葉に「こちらこそありがとうございました。会えて嬉しかったです」と返す大河内さんは、車の中で携帯電話を握りしめて涙を流した。亡くなったのは2日後だった。

女性には阿弥陀如来が迎えに来て浄土に旅立ったと大河内さんは信じる。一方で僧侶として何ができたのか。「いつか私があの世で再会してみないと分かりません」。生前、女性は靴下を贈ってくれた。大河内さんは講演などでこの話をする時に必ずそれを履いて行く。「さあ、行きましょう」と女性に、そしてこれまで見送ったすべての人たちに呼びかけるのだという。

大河内さんは、父の死去で自坊の願生寺に戻り日常の法務に勤しむ。「落ち着くべき所に落ち着いた」と思う一方で、代替わりに心の折り合いはすぐにはつかない。前住職で師匠でもある父良廣さんは大きな存在だった。17年8月に膵がんを宣告され1か月足らずで74歳で死去した。「あっという間でまだ悪夢の中にいる感じです」。それからまだ一年も経たない春の日、寺でそう話した。体調が悪化してからは寺の仕事の引き継ぎをしたが、今も月参りをしていても「父の檀家」という感じがする。自坊で亡くなる前日、「彼岸まで持たんかったなあ。先に往くからゆっくり来いよ」と話す良廣さんに「お父の歳までは頑張るわ」と返した。最期の日、仏壇に灯明を灯し、徐々に呼吸が消えゆく中で父はにっこり笑って左手を上げた。「お迎えが来ているんだ」と息子は感じた。

「父が浄土で安らかに暮らし、いつか再会できるのが僕の救いです」。そう言いながら大河内さんは「だけど今……。ここで会いたい、あの笑い声を聞きたい」と涙で顔をくしゃくしゃにした。死に対する信仰としての態度と悲嘆とはぴたりと合わないこともあると実感する。良廣さんも最期が近付くと1歳の孫を「泣いてしまうから」と近づけなかった。「でも両方の共存を進めていかねば。泣いてもいいのです」。いのちに寄り添うということを父が身をもって教えてくれたと感じている。

父は延命措置をせず枯れるように亡くなった。だが大河内さんは「死には良し悪しも幸不幸もない。

最期の潔さだけを強調するのは傲慢だし、延命の是非を医療費で論じることは暴力的です」と「尊厳死」という考え方には批判的だ。「いのちを永らえる選択が許されないなら、それこそ尊厳とはかけ離れている」。「尊厳死」法制化にも、それが基準化されることで「障害や認知症にまで〝ハードル〟が下げられ長生きすることへの罪意識や差別を生みかねない危険がある」と反対する。「ハードルを絶対に下げてはいけない。それはいのちに接する宗教者の務めです」。人の力ではどうしようもない死に対して平生からの生き方こそが大事だという仏教の理念からそれが導き出される。そして浄土宗の宗祖法然が説いた「来迎正念」。衆生が心に迷いのない境地の「正念」に入るために阿弥陀仏の来迎がある。「死にざまは選べない。いろいろと悩み、悔しくて受け入れられなくても最後は救われるのです」。

そこから、「死縁」つまり死をきっかけにした縁を大切にしたいと言う。それは僧侶の重要な務めである葬儀にも通じ、遺族不在のあり方に大河内さんは強い違和感を抱く。40代で社会性に欠ける男性が自死し、寺で葬儀をした。70代の父親から「釣りに一緒に行った」などと息子の話を聞かせてもらうと、父親は「(自死だから)地獄に落ちるなんて、あいつにそんなことがあるか！」と力を込めた。「ちゃんとお浄土に行っておられますよ」と答えたものの、大河内さんは言わずもがなだったと振り返る。「お父様の気持ちは『あいつ』に力点があり、そこに関係性など全てが凝縮されている。救われると信じている方に今さら説かなくても」。

大河内さんは住職として「『当事者』を主題にしたい」と語る。様々な遺族や高齢者、子育て世代が集う寺として、以前から培ってきたネットワークを生かす。「これまでは苦に会いに寺から出る15年間でした。これからはここで私が苦に出会える寺にしたい」。そう口にした思いは、生老病死の現場で揺らぐいのちに関わる多くの聖たちに共通するものだ。

むすびに

「いのちほど重いものはない」「ただ生きているだけで無条件に尊い」「いのちはつながっている」。本書に登場する多くの聖たちから、何度もこのような言葉を聞いた。そしてそれは、彼らにとっては単なる論評ではなく、行いにつながる信念の根幹だった。多くの聖たちは権威があるわけでも絶大な力を持つわけでもない。だが彼らは小さく弱い存在であるからこそ、この社会で小さく弱くされ「揺らぐいのち」の現場で苦難にあえぐ人たちと共感し合える。いのちへのその信念があるからこそ、自らが弱い存在であること、「できない」存在であることも自覚し、苦しむ人たちの前でたとえ何もできなくとも「ただ一緒にそばにいて寄り添う」ことができる。聖たちには、この「共苦」の姿勢が共通している。

2020年7月に発覚した医師2人によるALS患者への薬物投与殺害事件。高齢者や病などで生きにくい人を死に至らしめて「枯らす」などと発言し、苦しみに付け込んで金を取るやり口は「安楽死」でさえない。共苦とは正反対の、やまゆり園事件被告と同様の優生思想だろう。この出来事は、難病に苦悩する患者が死を求めるほどの絶望に追い詰められることのないよう、医療福祉や地域社会がケアの力、共苦の姿勢をもっと身に付けることの重要性を示した。

終章に登場する僧侶の大河内大博さんは同年5月、自分の寺に訪問看護ステーション「さっとさんが願生寺」を開設した。「さんが」とは「僧伽」つまり僧の集合体を指す仏教用語だが、ここでは人々の「集い」だろう。これまで病院などの医療現場でスピリチュアルケアを続け、地域では住民と深いつながり持ってきた大河内さんは、このステーションを拠点に医療、福祉施設や町内会、行政とも連携しながら、自らも在宅医療の現場に赴いて高齢者ら利用者とその家族のケアを行う。「在宅での介護、看護には老病死と向き合うことが不可欠。寺の住職には大きな役割がある」と話す。

この社会のどこにでもいる多くの聖たちは、生老病死の具体的な課題、目の前の個別の問題に行動によって向き合う。そしてそれは、「聖」ではなくとも私たち全ての人間に求められるべき姿勢ではないか。社会で抑圧されあるいは孤立して困窮や悲嘆にある数多くの人々、それを自らの痛みとして眼差しを向ける人々にとって、本書がささやかな励みになることを願う。取材と出版に協力していただいた全ての方々に感謝を捧げる。

本書は『中外日報』2017年5月～18年8月に掲載された
「生老病死――いのちの現場から」を加筆修整したものです。

《著者紹介》

北村敏泰（きたむら　としひろ）

ジャーナリスト。元・全国紙編集局部長、元・宗教精神文化専門紙特別編集委員、編集局長。

1951年大阪市生まれ。75年京都大学卒業、読売新聞大阪本社入社。京都総局や社会部記者、本社デスク、京都総局長などを経て編集局部長に。2011年に定年退職後はフリージャーナリストとして執筆、企画、講演活動。同年８月に創刊120年の宗教専門紙『中外日報』特別編集委員に招聘され、その後に取締役編集局長に就任。2020年５月に契約満了で退社し、再びフリーになった。

この間、幅広い取材報道活動に加え、現代社会における「いのち・心」、宗教の社会的役割、終活エンディング問題、東日本大震災と原発事故といったテーマに特に力を入れて活動。読売新聞では「こころのページ」デスクも務めた。同じテーマで京都や大阪の各大学などで連続講義や講演も多数行った。

著書『苦縁――東日本大震災　寄り添う宗教者たち』（徳間書店、2013年）。

上記のテーマによる主な仕事

1987年「宗教者の社会活動」「比叡山世界宗教サミット」など宗教関係の取材を開始。89年オーストラリアで開催された世界宗教者平和会議の連載。「現代における信仰と救い」を題材に「四国八十八か所霊場」をルポする計88回の連載。90年にはフィリピンでの仏教者ボランティア団体の活動を取材。95年から阪神・淡路大震災をチームで取材。97年に発生した神戸市の少年による連続児童殺傷事件をデスクとして担当し、事後に少年事件と「いのち・心」の問題を扱った計30回の長期連載で大きな反響を呼んだ。関連して医療問題でも99年の再開国内初の脳死臓器移植の取材などをデスクとして担当。96年の京都府京北町・京北病院での「安楽死」事件も取材した。

中外日報では宗教の現代的意義を問う論説の執筆、生命倫理や終末期医療、虐待や自死、貧困、孤立死、差別問題など「いのち」と宗教を主題にした企画調査報道を精力的に展開。現場に即したルポの年間連載「生老病死――いのちの現場から」「無縁・無援を超えて――いのちの現場から」を執筆した。東日本大震災と原発事故では発生の2011年から計20回以上にわたって東北各県の被災地を広範に取材し続け、上記著書も出版。その後も度重なる連載や調査企画などの報道を継続し、高い評価を得ている。

揺らぐいのち
――生老病死の現場に寄り添う聖たち――

2020年11月10日　初版第１刷発行　　＊定価はカバーに表示してあります

著　者　北　村　敏　泰©
発行者　萩　原　淳　平
印刷者　藤　森　英　夫

発行所　株式会社　晃　洋　書　房
〒615-0026　京都市右京区西院北矢掛町７番地
電話　075(312)0788番(代)
振替口座　01040-6-32280

装丁　尾崎閑也　　印刷・製本　亜細亜印刷㈱
JASRAC 出 2007545-001
ISBN 978-4-7710-3407-5